Explorer of
Salute&Discovery Finance

金融探索者·致敬与发现

金融探索者·致敬与发现
Explorer of Finance Salute&Discovery

Reform of International Monetary System and
the Participation Path of China

秦卫波 刘力臻 著

国际货币体系改革及中国参与路径

经济管理出版社
ECONOMY & MANAGEMENT PUBLISHING HOUSE

图书在版编目（CIP）数据

国际货币体系改革及中国参与路径／秦卫波，刘力臻著 .—北京：经济管理出版社，2019.5
ISBN 978-7-5096-6799-6

Ⅰ.①国… Ⅱ.①秦… ②刘… Ⅲ.①国际货币体系—研究 Ⅳ.①F821.1

中国版本图书馆 CIP 数据核字（2019）第 154293 号

组稿编辑：宋　娜
责任编辑：宋　娜　张馨予
责任印制：黄章平
责任校对：赵天宇

出版发行：经济管理出版社
　　　　　（北京市海淀区北蜂窝 8 号中雅大厦 A 座 11 层　100038）
网　　址：www.E-mp.com.cn
电　　话：（010）51915602
印　　刷：三河市延风印装有限公司
经　　销：新华书店
开　　本：720mm×1000mm/16
印　　张：13
字　　数：220 千字
版　　次：2019 年 10 月第 1 版　2019 年 10 月第 1 次印刷
书　　号：ISBN 978-7-5096-6799-6
定　　价：98.00 元

·版权所有　翻印必究·
凡购本社图书，如有印装错误，由本社读者服务部负责调换。
联系地址：北京阜外月坛北小街 2 号
电话：（010）68022974　邮编：100836

摘要 SUMMARY

2016年10月，人民币正式加入特别提款权，标志着人民币得到国际社会和金融组织及机构的正式承认。但是，其背景是基于以美元为主导的现行国际货币体系，一旦现行国际货币体系出现危机，人民币将不可避免遭受巨大的外部冲击。尤其是2008年全球性金融危机和经济危机重新引发了人们对现行国际货币体系的担忧，改革国际货币体系的呼声日渐高涨。事实上，随着中国宏观经济长期稳定发展，人民币的经济基础较之美元、欧元和日元等货币更加坚实，人民币参与下的新的国际货币体系对于世界经济平稳发展具有重要意义。因此，本书以经济危机和世界经济失衡为研究背景，以世界多极化的发展现实为依托，深入探讨国际货币体系的改革方案等理论问题。

第一章梳理了国际货币体系改革的相关理论和已有研究。本书首先从国际经济失衡、金融危机与国际货币体系的视角，探讨了国际货币体系改革的缘由；其次，梳理国际货币体系改革的理论基础，主要包括特里芬悖论和货币危机理论；再次，对本书涉及的概念进行界定，并明确本书研究的国际货币体系的主要组成部分包括国际储备货币体系、国际汇率体系以及国际金融合作与监管体系；最后，从国际储备货币及其发行的内在缺陷、汇率制度的失效及国际收支调节、国际金融监管的缺陷及治理、现行国际货币体系的可持续性，以及国际货币体系改革方案等角度，梳理近年来国内外学者针对国际货币体系改革的相关研究，为后续分析提供理论和文献基础。

第二章回顾和总结国际货币体系改革的历史演进。首先，梳理了国际储备货币体系从"黄金—英镑本位"到"黄金—美元本位"再到"美元本位"的历史背景及运行机制，探索从"黄金货币化"到"黄金非货币化"变革的决定因素；其次，分析了国际汇率体系从"固定汇率制"到"浮动汇率制"历史循环的背景，以及"固定汇率制""浮动汇率制"和"中间汇率制"的运行机制，给出本书对各种汇率制度的价值判断；最后，对国际货币体系各阶段的国际金融合作形式进行总结和分析。

第三章在历史回顾的基础上，探讨现行国际货币体系的可持续性问题。本书认为，现行的国际货币体系尽管存在诸多弊端，但短期乃至中期内，现有格局仍将得以维持。本章从两个维度、四个方面探讨现行国际货币体系可持续的合理性。第一个维度主要针对美国公共债务状况展开分析，尤其着重探讨美国公共债务的可持续性，这是由于美国公共债务的可持续性关乎美元国际货币地位的稳定性，本书在实证研究的基础上得出了美国公共债务可持续的结论；第二个维度根据美元充当国际货币的三个职能，分别探讨了美元作为国际储备货币、国际结算货币以及国际计价货币的可持续性，通过这三方面的分析，进一步验证了现行国际货币体系可持续的合理性。

第四章进一步讨论了现行国际货币体系的运行现状与主要问题，尤其是从国际储备货币体系、国际汇率制度和国际金融合作机制三个视角对现行国际货币体系的运行缺陷进行了剖析。具体来说，国际储备货币的运行缺陷主要体现在美元作为最主要的国际储备货币，其本身导致了全球流动性过剩、全球金融动荡和全球经济外部失衡等不良影响；其他主要的储备货币的运行机制也不健全以及 SDR 的设计缺陷等。国际汇率体系的运行缺陷则主要体现为每种汇率制度均经历过严重的危机，汇率制度在"固定汇率制"与"浮动汇率制"之间循环往复，"中间汇率制度"也因为诸多经济危机而不断崩溃。国际金融合作机制的运行缺陷体现在目前国际上最重要的国际金融合作机构——国际货币基金组织的治理结构和救援机制等方面均备受质疑；另外，在国际金融监管层面，对国际保险业、新兴金融产业等缺乏统一有效的监管规则；区域金融合作的另外两种典型模式，欧元区模式和拉美美元化模式也都不同程度地出现了危机。本章的分析为进一步分析并研判国际货币体系的改革提供了翔实的现实依据。

第五章为国际货币体系改革的构想。具体从四个方面展开论述，分别是国际储备货币体系的改革构想、国际汇率制度体系的改革构想、国际基金组织的改革构想以及国际金融监管体系的改革构想。国际储备货币体系改革的众多构想包括维持主权信用货币体系、建立实物储备货币体系、建立超主权货币体系等，本书认为运用合理手段弥补现行储备货币体制不足是现阶段最好的改革模式。在国际汇率制度体系改革的构想中，本书认为未来应该鼓励更具灵活性的汇率制度安排，发挥更具代表性国际合作机制如二十国集团（G20）的作用，积极推动各国汇率政策的相互协调。关于国际货币基金组织的改革构想，本书认为对IMF的改革应该遵循的原则是使IMF最大限度地发挥其作为国际金融合作平台的作用，实现发达国家、新兴市场与发展中国家"共商共建共享"。国际金融监管改革则体现在重视对金融体系资本的监管、严格监管大型商业银行、加强对非银行金融机构的监管力度，同时完善对保险业的国际监管。

本书最后一章探讨了中国参与国际货币体系改革的途径。中国参与国际货币体系改革的途径，主要包括三个层面：中国参与国际储备货币体系改革的途径，体现在人民币成为区域储备货币以及人民币加入SDR均有助于推动国际储备货币体系改革；中国参与国际汇率体系改革的途径体现在推进区域性汇率合作机制建设和人民币加入SDR对超主权货币汇率稳定机制的完善；中国参与国际监管体系改革途径包括助推成立新的国际金融机构、推进上海国际金融中心建设、推动双边金融监管合作以及利用G20平台发出中国声音等。

关键词： 国际货币体系；人民币国际化；储备货币；汇率制度；货币体系改革

ABSTRACT

In October 2016, the inclusion of RMB in the SDR Basket was a sign of being officially recognized by the international society and financial organizations as well as institutions. However, the background of recognition depends upon the existing international monetary system dominated by the US dollar. Once the outbreak of it's crisis arises, the RMB will inevitably suffer a lot from the external shock. In particular, the global financial and economic crisis in 2008 re-triggers people's concerns about the existing international monetary system. The appeal to the reform of international monetary system is getting stronger and stronger. Actually, with the long-term stable development of China's macro economy, the economic base of RMB seems to become more stable than that of the Euro and Yen. A new international monetary system in which the RMB engages itself is much of value to the stable development of global economy. Thus, the research background of this paper is the economic crisis and global economic imbalance. This paper relies on the global multilateral realistic development and in-depth exploration of theoretical issues, like the reforming scheme of international monetary system, etc.

The first chapter is the literature review on the reform of international monetary system. First of all, the paper explores accounts of international monetary system reform from the perspectives of international economic imbalance, financial crisis and international monetary system; moreover, it clears up the theoretical base of international monetary system reform, such as Triffin Paradox and monetary crisis; in the third part, it defines the relative concepts mentioned in the paper and then pins down the main components of international monetary system studied in the paper, including international reserve monetary system, international exchange system and international financial cooperation and governance system; based upon them, it summarizes the relevant literature from scholars at home and abroad in the recent years in the light of internal defects in the international reserve currency and its issuance as well as international financial governance and regulation, the inefficiency of the exchange regime and the adjustment to international balance of payment, the sustainability of existing international monetary system and the reforming scheme about the international monetary system, etc., which lays a foundation for the follow-up analysis of theories and literature.

Chapter Two reviews and summarizes the development of the reform of international monetary system in the history. First of all, it makes an introduction to the historical background and operational mechanism of international reserve currency system from "gold-pound sterling standard" "gold-US dollar sterling standard" to "US dollar sterling standard". It also explores determinants of the reformation from "gold monetization" to "demonetization of gold"; the second part analyzes the cyclic background international exchange system from "fixed exchange system" to "floating exchange system" in the history, and "fixed exchange system", "floating exchange system" as well as "intermediate exchange system". Its analysis makes a value judgment on each exchange system; the third part analyzes and summarizes the international monetary system and it's forms of international financial cooperation in the different periods.

Based upon the historical review, Chapter Three is centered on the sustainability of international monetary system. It argues that the existing international monetary system breeds many a defect, but in the short term and even medium term, the existing framework will still remain the status quo. This chapter analyzes the sustainable rationality of existing international monetary system from two dimensions and four aspects. As to the first dimension, it is aimed at analyzing the state of American internal economy, in particular, the sustainability of American public debt. It is the sustainability of American public debt that relates to the stability of America's international monetary status. It comes to a conclusion of the sustainability of American public debt, based upon the empirical research; according to the US dollar serving as three international monetary functions, the second dimension researches into US dollar as international reserve currency, international settlement currency and the sustainability of international currency of price in sequence. The sustainability of international monetary system further proves to be rational from the above analysis of three aspects.

Chapter Four further deal with the operation status quo and main problems in international monetary system. It especially analyzes the operational defects in the existing international monetary system from three angles of the international reserve currency system, the international exchange system, and the mechanism of international financial cooperation. Specifically speaking, the operational defects in the international reserve currency system are embodied in the US dollar as the main international reserve currency, and it gives rise to negative effects, such as the excess of global circulation, the turmoil of global finance, the external imbalance of global economy, etc; the operational mechanism of other main reserve currencies is not so sound, either, and the design is defective in SDR. The defects in the operation of international exchange system embodied in each exchange system have undergone a terrible crisis, the exchange system going to and fro between "fixed exchange system" and "floating exchange system" and the "medium exchange system" getting collapsed due to several economic crises. The operating defects of international financial cooperation mechanism reflects upon the current foremost international financial cooperation institutions on the globe—the regulatory structure, relief mechanism of international monetary organization, etc. are in doubt; in addition, the international insurance, the emerging financial industry, etc. are lacking in a unified and efficient governing and regulatory rule at the level of international financial regulation and governance; the other two representative models for regional financial cooperation include the Euro zone model and the Latin-American dollarization one; different degrees of crisis breaks out in both of them. The analysis of this chapter provides a throughout and practical reference to a further analysis of and research on the reform scheme of international monetary system.

Chapter Five is the schematic design of international monetary system reform. Specifically speaking, this paper talks about it from four aspects, namely, the schematic designs of international reserve currency system reform, international exchange regime reform, IMF reform and international financial governance and regulation. The multitudinous plans for international reserve currency system reform cover the maintenance of sovereign credit monetary system, as well as the establishment of entity reserve currency system and supra-sovereign credit monetary system etc. This paper contends that the employment of reasonable means to make up for the existing reserve currency regime is the best reforming schema at the present. Among multitudinous schematic plans for international exchange system reform, this paper maintains that the more flexible arrangement of exchange regime should be advocated in the future; the function of more representative international cooperative mechanisms, like G20, highlighted; and the mutual coordination between national exchange policies actively promoted. With respect to the reforming scheme of IMF, this paper argues that the reform of IMF should conform to the rule that is to make the IMF play its role as an international financial cooperative platform to a larger extent, realizing "joint consultation, common construction and mutual sharing" among developed nations, emerging markets and developing nations. The reform of international financial governance and regulation gives the priority over the strict governance and regulation of financial system capital as well as large-scale commercial banks, intensifies the governance and regulation of non-banking financial institutions and improves the international governance and regulation of insurance.

The last chapter centers upon the pathways to China's involvement in the reforms of international monetary system. It is incorporated into three levels: The pathway to the reform of China's engagement in international reserve currency system, representing the RMB as the regional reserve currency and the inclusion of RMB in the SDR basket, which is conducive to promoting the reform of international reserve currency; the pathway to the reform of China's participation in international exchange system means promoting the construction of regional exchange cooperation mechanism and improving the stability of super-sovereign currency and exchange mechanism, thanks to the inclusion of RMB in the SDR; the pathways to China's joining in the reform of international governance and regulation system lie in serving to establish new international financial institutions, boost the Shanghai's financial center construction, drive bilateral financial governance and regulation cooperation, and utilizing the G20 platform to utter China's voice, etc.

Key words: International Monetary System; Internalization of RMB; Reserve Currency; Exchange Regime; Reform of Monetary System

目录

绪　论 ··· 001

　　一、研究背景 ··· 001

　　二、本书的结构安排 ·· 003

　　三、本书的创新之处 ·· 003

第一章　国际货币体系改革的理论基础及文献综述 ············· 005

　　第一节　国际货币体系改革的缘由 ···································· 005

　　　　一、金融危机引发的思考 ··· 005

　　　　二、国际经济失衡带来的必然选择 ······························· 007

　　　　三、全球金融治理体系的内在缺陷 ······························· 008

　　第二节　国际货币体系改革的理论基础 ······························ 010

　　　　一、特里芬悖论 ··· 010

　　　　二、货币危机理论 ·· 011

　　　　三、全球经济治理理论 ·· 014

　　　　四、"人类命运共同体"理论 ······································ 015

第三节　国际货币体系的主要组成部分及界定 …………… 016
　　一、相关研究概念的界定 ……………………………… 017
　　二、国际货币体系的主要组成部分及其价值判断 …… 018
第四节　国际货币体系改革的文献综述 …………………… 020
　　一、关于国际储备货币发行及流动性管理缺陷的研究 …… 021
　　二、关于汇率制度的失效及国际收支调节的研究 …… 022
　　三、关于国际金融监管的缺陷及治理的研究 ………… 023
　　四、关于现行国际货币体系可持续的合理性研究 …… 025
　　五、关于国际货币体系改革方案的探讨 ……………… 026
本章小结 ……………………………………………………… 032

第二章　国际货币体系改革的历史演进 …………………… 033

第一节　国际储备货币变革的历史分析 …………………… 033
　　一、"黄金—英镑本位""黄金—美元本位""美元本位"的
　　　　历史背景 …………………………………………… 034
　　二、"黄金—英镑本位""黄金—美元本位""美元本位"的
　　　　运行机制 …………………………………………… 038
　　三、从"黄金货币化"到"黄金非货币化"变革的必然历史 …… 044
第二节　国际汇率制度变革的历史分析 …………………… 046
　　一、由"固定汇率制"到"浮动汇率制"的历史循环背景 …… 046
　　二、"固定汇率制""浮动汇率制""中间汇率制"的运行
　　　　机制及价值判断 …………………………………… 050
第三节　国际金融合作变革的历史分析 …………………… 052
　　一、国际货币体系各阶段国际金融合作的历史描述 …… 053
　　二、国际金融合作形式变革的历史分析 ……………… 056
本章小结 ……………………………………………………… 057

第三章　现行国际货币体系的可持续性分析 ……………… 059

第一节　美国公共债务的可持续性 ………………………… 059
　　一、政府公共债务可持续性的定义及已有相关研究 …… 061

二、美国公共债务可持续的实证分析 …………………………… 063
　　三、美国公共债务可持续的启示 …………………………… 067
第二节　美元作为主要国际储备货币的可持续性 …………………………… 068
　　一、美元成为主要国际储备货币的历史考察 …………………………… 068
　　二、美元作为主要国际储备货币的可持续性分析 …………………………… 071
第三节　美元作为主要国际结算货币的可持续性 …………………………… 076
　　一、美元成为主要国际结算货币的历史考察 …………………………… 076
　　二、美元作为主要国际结算货币的可持续性分析 …………………………… 080
第四节　美元作为主要国际计价货币的可持续性 …………………………… 081
　　一、美元成为主要国际计价货币的历史考察 …………………………… 081
　　二、美元作为主要国际计价货币的可持续性分析 …………………………… 083
本章小结 …………………………… 084

第四章　现行国际货币体系的运行现状及主要问题 …………………………… 086

第一节　现行国际货币体系的运行现状 …………………………… 086
　　一、现行国际货币体系的储备货币现状 …………………………… 086
　　二、现行国际货币体系的汇率制度 …………………………… 088
　　三、现行国际货币体系的国际金融合作 …………………………… 092
第二节　现行国际储备货币体系的运行缺陷 …………………………… 094
　　一、美元本位的不良影响 …………………………… 094
　　二、其他主要储备货币的运行困境 …………………………… 098
　　三、SDR 的局限 …………………………… 100
第三节　现行国际汇率制度的运行缺陷 …………………………… 102
　　一、发达国家浮动汇率制调节对国际经济的负面影响 …………………………… 102
　　二、中间汇率制度的不断崩溃：经济危机的频发 …………………………… 105
第四节　现行国际金融合作机制的缺陷 …………………………… 108
　　一、国际货币基金组织的缺陷 …………………………… 109
　　二、国际金融监管体系存在的弊端 …………………………… 111
　　三、区域金融合作"欧元区"的运行困境 …………………………… 113
　　四、"拉美美元化"对拉美经济的影响 …………………………… 115
本章小结 …………………………… 117

第五章　国际货币体系改革的构想 …… 118

第一节　国际储备货币体系改革的构想 …… 119
- 一、国际储备货币体系改革构想概述 …… 119
- 二、多极主权信用货币体系的可行性分析 …… 123

第二节　国际汇率制度体系改革的构想 …… 125
- 一、1976 年以来的汇率制度安排与评价 …… 125
- 二、国际汇率制度的选择 …… 127
- 三、国际汇率制度体系改革的构想 …… 129

第三节　国际货币基金组织改革的构想 …… 131
- 一、国际货币基金组织的治理结构设计 …… 132
- 二、国际货币基金组织的监管机制设计 …… 134
- 三、国际货币基金组织的救援机制设计 …… 135

第四节　国际金融监管体系改革的构想 …… 136
- 一、国际金融监管机构改革的发展现状 …… 136
- 二、国际金融监管改革的构想 …… 137

本章小结 …… 139

第六章　国际货币体系改革的中国参与路径 …… 140

第一节　人民币国际化现状与发展机遇 …… 141
- 一、双边本币互换协议的签署 …… 142
- 二、人民币跨境贸易结算机制的建立 …… 143
- 三、人民币在跨境直接投资中的使用 …… 145
- 四、境外人民币债券市场的发展 …… 146

第二节　中国参与国际储备货币体系改革的路径 …… 147
- 一、后危机时期各国对国际储备货币的调整 …… 147
- 二、助推人民币成为区域储备货币 …… 149
- 三、人民币加入 SDR，提升 SDR 国际储备货币地位 …… 150

第三节　中国参与国际汇率体系改革的路径 …… 151
- 一、后危机时期各国对货币锚的调整 …… 151
- 二、人民币汇率的相对稳定 …… 153

  三、推动区域汇率合作机制建设 …………………………………… 155
  四、人民币加入SDR，完善超主权货币的汇率稳定机制 ………… 156
 第四节 中国参与国际监管体系改革的路径 ……………………… 157
  一、助推成立新的国际金融机构 ……………………………………… 157
  二、推进上海国际金融中心建立 ……………………………………… 159
  三、推动双边金融监管合作 …………………………………………… 160
  四、借助G20平台发出中国声音 ……………………………………… 161
 本章小结 …………………………………………………………………… 163

结 论 ………………………………………………………………… 165

参考文献 ………………………………………………………………… 167

图目录

图 0-1	本书的主要内容及结构安排	003
图 2-1	英镑本位的基本逻辑	038
图 2-2	第一次世界大战期间美国 CPI 数据	047
图 2-3	1918~1923 年德国通货膨胀状况	048
图 3-1	1960~2018 年美国政府债务占 GDP 比率	060
图 3-2	主要国际货币占官方已公布外汇储备比重	070
图 3-3	美元国际储备与美国黄金储备之比的动态路径	073
图 3-4	美元国际储备与 GDP 之比动态演变	074
图 3-5	美元国际储备与美国 GDP 之比的动态路径	076
图 3-6	1986 年 1 月~2018 年 7 月 WTI 原油现货价格	082
图 3-7	1983 年 4 月~2018 年 7 月 WTI 原油期货价格	083
图 4-1	2014 年 Q1~2018 年 Q4 美元、欧元占已公布官方外汇储备比重	087
图 4-2	1959 年 M1~2018 年 M12 美国货币供应量（M2）	096
图 4-3	1960~2017 年美国经常账户赤字占 GDP 比重	098
图 4-4	1960~2018 年主要国际储备货币国家或区域国内生产总值（GDP）	099
图 4-5	全球已分配 SDR（1984~2018 年）	101
图 4-6	1999~2017 年委内瑞拉通货膨胀率与失业率	107
图 4-7	委内瑞拉货币玻利瓦尔的黑市（Currency black market）市场价格	108
图 6-1	主要国际货币的国际化指数（2015 年 Q1~2017 年 Q4）	141
图 6-2	人民币国际化指数	142
图 6-3	2000~2018 年国际货币在全球已公布官方外汇储备中的比例	148
图 6-4	1994~2018 年美元实际有效汇率	152
图 6-5	人民币实际有效汇率（1994~2018 年）	154
图 6-6	2005 年 7 月~2018 年 7 月人民币兑美元汇率	154
图 6-7	1987~2014 年人民币汇率制度	155

表目录

表2-1	1820~1870年英国占世界工业总值和贸易总额的比重	035
表2-2	19世纪80年代后期国际储备构成	036
表2-3	美国的黄金储备和对外流动性负债（1949~1958年）	040
表2-4	美国的黄金储备和对外流动性负债（1959~1971年）	042
表2-5	全球国际储备资产的构成（1970~2010年）	043
表3-1	门限协整检验的调整系数	066
表3-2	1970~1976年76个国家持有外汇储备的币种结构	069
表3-3	1970~1984年各主要货币占各国官方持有外汇储备的比重	069
表3-4	20世纪70年代欧洲国家国际贸易结算货币使用情况	077
表3-5	20世纪70年代欧洲以外国家国际贸易结算货币使用情况	078
表3-6	1992~2008年部分国家国际贸易美元结算情况	079
表4-1	特别提款权SDRs"货币篮子"份额	088
表4-2	2017年IMF成员国汇率制度安排	089
表4-3	2017年IMF各成员国汇率政策安排	091
表5-1	2008~2017年IMF成员国汇率制度安排情况	129
表6-1	双边本币结算协定	143
表6-2	2009~2018年经常项目人民币收付金额	145
表6-3	2010~2018年跨境直接投资人民币收付金额	146
表6-4	2015年9月以来中国人民银行为推动人民币加入SDR出台政策一览	150
表6-5	2008~2017年IMF成员国货币政策体系和货币锚的选择	152

绪 论

一、研究背景

2007年，美国次贷危机爆发，继而引发了全球性金融危机，此次金融危机的源头始于国际货币体系的核心国家——美国，美国金融危机和全球金融危机使美元本位的国际货币体系备受诟病，改革国际货币体系的呼声日益高涨。

美国爆发金融危机以后，美国金融市场出现了系统性的流动性短缺和信贷紧缩，为了应对危机引发的这种负面冲击，挽救实体经济，美联储作为"最后贷款人"，共计实施了四轮量化宽松政策，而极为宽松的货币政策导致美国财政赤字不断扩大，也进一步加剧了全球流动性过剩。美国根据国内经济出现的危机而调整对美元的供给量，这体现了美国并未充分考虑其货币政策的外部性问题，这也是主权货币充当国际货币必然面临的问题。

美国金融危机爆发后迅速向全球蔓延，欧元区、日本甚至先于美国陷入衰退。此次危机对世界主要经济体均产生了持续的负面影响，发达经济体的GDP增长率从2007年的2.689%，一度陷入负增长（2009年为-3.406%）。尽管2010年增速有所反弹，但2011~2013年连续三年经济增长率低于2%[①]。全球金融危机的蔓延以及危机后美国应对危机的措施引发了国际社会对美元国际货币地位的热议，也引发了对现行国际货币体系运行缺陷及改革的广泛探讨。2009年，中国人民银行行长周小川指出，此次金融危机反映出当前国际货

---

① 经济增长率数据来自世界经济展望数据库 *World Economic Outlook Databases*，且这里的GDP增长率为不变价格的GDP增长率。

币体系的内在缺陷,并提出创建超主权储备货币的建议;斯蒂格利茨也提出了改革当前国际货币体系的设想,提出国际货币体系改革应该解决的主要问题。

美国金融危机的爆发和全球化蔓延进一步暴露出当前全球金融治理体系,尤其是国际货币体系所存在的一系列重大缺陷。随着经济全球化和金融一体化的深入发展,人类社会是一个相互依存的共同体已经成为国际社会各界的共识。在经济全球化背景下,一国发生的危机通过全球化机制的传导可以迅速波及全球,危及国际社会整体。面对这些危机,国际社会只能同舟共济、共克时艰。亚洲金融危机后中国把握其宏观经济政策以帮助东盟国家,2008年,国际金融危机后二十国集团机制的出现,都是国家之间在相互依存中通过国际机制建设应对国际危机的例证。可以设想,如果国家之间互不合作、以邻为壑、危机外嫁,这些危机完全可能像20世纪20~30年代的危机一样,引发冲突甚至战争,给人类社会带来严重灾难。

国际货币体系改革是当前全球金融治理的重要议题,在这一方面,"人类命运共同体"的理论思想具有十分深刻的意义。中共十九大提出,"坚持和平发展道路,推动构建人类命运共同体",这标志着中国将以更开放、更包容、更宏大和更深入的姿态融入全球治理体系的历史大变革之中,并发挥建设性作用。积极参与全球治理体系变革,贡献中国"共商共建共享"的全球治理理念和"平等、开放、合作、共享"的全球经济治理观,既符合中国切身利益(实现"两个一百年"奋斗目标、实现中华民族伟大复兴的中国梦),又关乎全人类的共同福祉(构建人类命运共同体)。

国际形势基本特点是世界多极化、经济全球化、文化多样化和社会信息化。粮食安全、资源短缺、气候变化、网络攻击、人口爆炸、环境污染、疾病流行、跨国犯罪等全球非传统安全问题层出不穷,对国际秩序和人类生存都构成了严峻挑战。不论人们身处何国、信仰如何、是否愿意,实际上已经处在一个命运共同体中。与此同时,一种以应对人类共同挑战为目的的全球价值观已开始形成,并逐步达成国际共识。这一全球价值观包含相互依存的国际权力观、共同利益观、可持续发展观和全球治理观。自中共十八大报告提出"提高人类命运共同体意识"以来,在全球治理的积极参与中,寻求与世界其他国家和地区的共同发展,将国家的繁荣与人类的共同福祉联系在一起,已经成为中国的重要战略(蔡拓等,2016)[1]。

那么，当前的国际货币体系究竟存在哪些运行缺陷？其可持续性如何？国际货币体系的演化是否遵循某些规律？未来国际货币体系改革的方向是什么？中国作为全球第二大经济体如何参与国际货币体系改革？回答以上问题将具有重要的理论和现实意义。

二、本书的结构安排

如图0-1所示，本书除绪论以外包括六部分内容：第一章为国际货币体系改革的理论基础及文献综述，对国际货币体系改革的缘由、相关理论及文献做系统地整理和分析；第二章是国际货币体系改革的历史演进，分别对国际储备货币体系变革、国际汇率体系变革和国际金融合作变革从历史的维度进行分析；第三章现行国际货币体系的可持续性分析，主要辨析美元作为最主要国际货币的可持续性；第四章对现行国际货币体系的运行现状及主要问题进行总结；第五章为国际货币体系改革的构想；第六章探讨国际货币体系改革的中国参与路径。

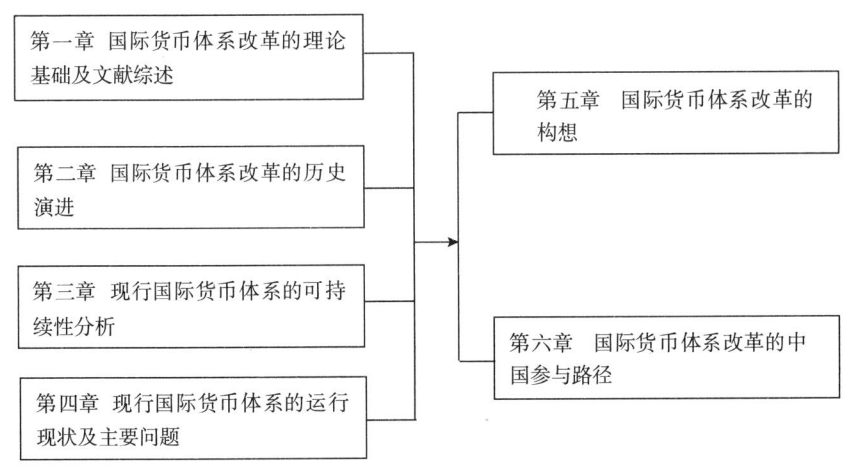

图0-1 本书的主要内容及结构安排

三、本书的创新之处

本书在梳理国内外关于国际货币体系改革相关文献的基础上，对国际货币体系改革从历史演进到现行国际货币体系可持续进行合理性分析。同时，总结现行国际货币体系的运行现状和主要问题，进而论述国际货币体系的改革方案和中国参与路径。在研究过程中，本书的创新体现在以下两个方面：

第一，在对国际货币体系改革历史演进的梳理方面，本书放弃了传统的从金本位、布雷顿森林体系到牙买加体系（按照时间顺序）的推演路径，转而从国际储备货币、国际汇率制度以及国际金融合作三个层面论证国际货币体系改革的历史演进，尤其在对国际储备货币历史变革的辨析过程中，将分析的落脚点放在"黄金—英镑本位""黄金—美元本位""黄金本位"，这种分析视角抓住了国际本位货币转换的关键点，为从深层次了解国际货币体系变革规律提供新的思考点。

第二，在对现行国际货币体系可持续的合理性分析部分，本书从两个维度四个方面探讨了美元作为当前国际货币体系核心货币的可持续性。其中，在对美国公共债务可持续问题的实证分析中，本书运行了自回归分布滞后模型（Autoregressive Distributed Lag Model，ADL），以考虑时间序列模型中可能存在的结构变化，门限协整模型可以分析不同区制内变量趋向其均衡具有不同调整系数的问题，更加契合美国财政政策在不同政治周期内的变化，该实证分析方法更加严谨。

第一章
国际货币体系改革的理论基础及文献综述

本章探讨的主题是国际货币体系改革的相关理论基础及其相应文献回顾。本书主要从国际经济失衡、金融危机与国际货币体系的视角出发，探讨了国际货币体系改革具体原因，并对本书涉及的概念进行界定。在此基础上，从国际储备货币及其发行的内在缺陷、汇率制度的失效及国际收支调节、国际金融监管的缺陷及治理、现行国际货币体系的可持续性，以及国际货币体系改革方案等相关文献入手，梳理近年来国内外学者针对国际货币体系改革的相关研究。

第一节 国际货币体系改革的缘由

一、金融危机引发的思考

美国金融危机爆发的原因分析有很多，但其从本质而言是一场资产价格泡沫破裂所导致的金融危机，其根源在于流动性过剩。流动性过剩即货币的过度发行。当前的国际储备货币主要是美元，围绕美元的过度发行而导致的流动性过剩出现了多种观点，简析如下：

金融危机是一场货币危机，因此，全球性的危机爆发必然与国际货币过度发行、全球流动性过剩有关，与现行的国际货币体系密切相关。

流动性失衡是一种常态,是流动性供给与流动性需求之间的动态失衡,表现为流动性供给大于流动性需求,或者是流动性需求大于流动性供给。前者持续到一定程度表现为流动性泛滥,体现为资产价格和商业价格的持续和大幅度上扬;后者持续到一定程度表现为流动性危机,体现为资产价格剧烈下跌,融资需求难以满足,投资活动因流动性严重不足而停滞。流动性失衡是流动性供给与流动性需求动态异常波动的结果。货币当局大规模的基础货币投放、商业银行激进的放贷倾向、个人与非银行类机构的持现比例下降和投资需求旺盛,都会带来流动性的扩张,并进一步带来流动性过剩。而货币当局紧缩基础货币投放、商业银行对放贷的保守态度、个人与非银行机构的持现比例上升以及货币需求上升,都会带来流动性不足,进一步演化为流动性危机。流动性扩张和收缩的过程在资产价格放大器、杠杆加速器和会计催化器的作用下呈现乘数扩张或收缩。

2007年,美国次贷危机爆发,房地产价格急速下跌,MBS与CDS资产价格也迅速下跌,并进一步恶化房地产价格,资产价格放大器和杠杆加速器发生作用;金融机构资产负债表遭到破坏,会计催化器发生作用;商业银行放贷意愿下降、非银行金融机构投资欲望不足,流动性供给极度萎缩;与此同时,流动性需求无限放大,流动性危机瞬间爆发。世界流动性管理的混乱,使一场流动性危机迅速演化为全面的金融危机和经济危机。

流动性过剩主要是美国的货币政策操作失误(宽松的货币政策)带来的,其逻辑思路为:进入21世纪以来,美国政府为刺激"9·11"和互联网泡沫破裂带来的经济低迷,实施了10年的宽松货币政策,美元基准利率不断降低。稳定繁荣的经济增长形势,货币供给不断增加,互联网泡沫破裂后稳定的投资渠道收窄,金融创新使资金源源不断进入房地产,催生泡沫。稳定的经济形势加上低利率刺激了市场和政府监管部门对于风险的低估,致使金融机构的杠杆率不断攀升,最终促成了这次危机。持有这种看法的主要代表人物有约翰·泰勒(2009)[2]、杜鲁门(2009[3])以及余永定(2008)[4]等。其中,约翰·泰勒(2009)按照泰勒规则对2000~2006年的美国联邦基金利率进行了模拟,发现实际利率较模拟值更低,且运行时间更长,以此说明美联储的货币政策过于宽松,过多的货币供给造成了美国房地产市场泡沫的产生。金融创新不仅在表面上优化了以房地产次级抵押贷款为代表的金融资产,而且把全球的金融市场全部裹挟进来,这是次贷危机演化为全球性金融危机的路径。

区别于以往的数次金融危机,此次金融危机的一个重要特征是爆发于国际货币体系的核心国、最主要国际储备的发行国——美国,于是学术界开始反思以美元为核心的国际货币体系亟须一次深层次的变革。

二、国际经济失衡带来的必然选择

对于2008年爆发的全球性金融危机,多数学者认为是国际经济的长期失衡导致了此次的金融危机,长期的国际经济失衡导致新兴经济体的贸易顺差和高额储蓄源源不断地流入美国,使美国的资产价格特别是房地产价格积累了大量的泡沫。而资金的不断流入同时也压低了美元利率,导致整个美国无风险收益率降到历史最低水平,金融机构不得不"铤而走险",大力金融创新,以寻找新的利润来源。房地产泡沫和金融创新的结合,使这次危机始于房地产次级抵押贷款,随后蔓延至整个金融体系。这类观点的代表人物主要有 Portes(2009)[5]、SaKong(2009)[6]、Diamond 和 Rajan(2009)[7]、Caballero(2008)[8] 以及前美联储主席伯南克(Bernanke,2008)[9] 和美国前财长部长保尔森(Paulson,2008)[10]等。其中,Caballero 等(2008)主要从全球经济体对金融资产供给的差异角度来分析,假设世界上只有欧美日等发达经济体可以提供安全性和流动性的资产投资工具,新兴经济体则不具备这种能力。由于欧洲和日本的经济状况和金融市场的发达程度不及美国,所以,美元资产在全球比例最大。美国提供金融资产带来的就是经常账户的赤字规模不断攀升,同时全球利率水平越来越低,为美国的房地产泡沫创造了条件。

除这些观点外,还有的学者认为全球经济失衡与金融危机之间不是因果关系,而是并行关系。杰出的代表人物有奥布斯特菲尔德和罗格夫(2009)[11]、斯马吉(2008)[12]等。如斯马吉认为金融危机和全球经济失衡是一个硬币的两面,全球经济失衡是经济风险不断增长的先兆,金融危机则是风险不断累积并释放的结果。

关于国际货币体系与国际经济失衡之间的关系,学者的逻辑思路跟失衡说大致相同,可以看作失衡说的延续。学者提出现行国际货币体系的缺陷是造成全球经济失衡的根源,同时也是流动性过剩的源头。国外有代表性的学者如达纳韦（2009）[13]和维斯科等（2009）[14]，他们认为现行的国际货币体系在三个层面阻碍了全球经济失衡的调整：第一，货币体系中心国可以通过储备货币的发行为其经常账户赤字融资，因此，美国当前无改革的动力，反而无偿享有着全世界的产品和服务；第二，浮动汇率制度可以通过汇率的调整来部分纠正一国的国际收支，日本和欧洲即是代表；第三，现行体制下部分国家的汇率管理（资本账户管理）可以抵制汇率升值的压力，从而延缓其国际收支的调整，亚洲新兴经济体是典型代表。但是不论从哪个角度来分析，当前的国际货币体系对全球经济失衡负有绝对的责任。国内经济学者李晓和丁一兵（2006）[15]的"贸易国家"和"金融国家"的国际格局就是对全球经济失衡的最好注解。项卫星和刘晓鑫（2009）[16]，前中国驻国际货币基金组织执行董事葛华勇（2009）[17]、中国人民银行吴晓灵等（2009）[18]都对现行国际货币体系的缺陷进行了分析。

可以看出，现行国际货币体系的缺陷是全球经济失衡的主要根源。在全球经济失衡的现状下，东亚等新兴经济体的资金没有更多选择地回流美国。一方面，造成了美国资产价格尤其是房地产价格的泡沫；另一方面，压低了美元利率，使美国"无风险收益率"降低历史最低，为追求收益，金融机构不断创新，杠杆率越来越高。流动性的过剩加上金融创新带来了最终的金融危机。为了避免重蹈覆辙，有必要对现行国际货币体系存在的重大缺陷进行深入研究，并探索切实可行的国际货币体系改革的方案。

三、全球金融治理体系的内在缺陷

21世纪以来，随着全球经济的开放程度以及金融创新水平的飞速提高，全球经济进入快速发展阶段，各国经济联系得更加紧密，使2008年美国次贷危机的蔓延和深化对全球的经济和金融造成了巨大的负面影响。为了避免损失，许多国家和地区开始加速区域金融合作，积极参与全球金融治理体系改革。

综观已有研究，当前全球金融治理体系主要存在以下几个方面的问题。首先，当前全球金融治理模式存在不足，金融治理面临困境。传统的全球金融治理模式中，以美国为首的西方主要发达国家占据制度性话语权，而众多发展中国家基本无决定权。亚洲国家在IMF和G20中的地位不高，被认为在全球金融治理中影响力与其国际经济地位不一致（C. Randall Hanning, Mohsin S. Khan, 2011）[19]。其次，传统金融治理机制面临美国实力的相对衰落、新兴大国的崛起以及全球金融危机后出现的新问题这三个挑战。这三大挑战与传统的金融治理格局渐行渐远，美国和新兴大国在金融治理中的话语权与各自经济实力不相匹配，金融治理在应对危机时无能为力，因而现行治理模式亟须改变（何帆等，2013）[20]。资本主义金融寡头的投机与逐利加剧金融治理的难度，全球治理体系还可能会受到个别发达国家的利益操纵，许多国家的自保性短期经济行为也会增加治理难度（邱国兵，2009）[21]。后危机时代金融治理经历了一定程度的改革，但仍不能有效应对挑战，导致金融治理失灵（卢静，2014）[22]。最后，全球治理面临的制度困境主要包括国际权利结构变化凸显全球治理机构代表性不足，主权民族国家体系造成全球治理机制责任错位，国际机制复杂性引发全球治理政策失灵，理念分歧与竞争使全球治理规范缺失等。具体到操作层面，宋国友（2015）分析了全球经济治理的困境问题，认为存在四方面困境，即层次冲突困境、规则非中性困境、公共选择困境和霸权主导困境[23]。金融稳定理事会（FSB）是2007年金融危机的产物，主要为了实现国际金融稳定，提升国际金融合作水平。尽管，FSB在某些领域取得了重要作用，但依然还存在严峻的问题，即治理的有效性和FSB如何跨越国际金融的监管鸿沟（张庆麟、李家春，2014）[24]。G20峰会机制是当前为实现更优的全球经济和金融治理而形成的非正式性的国际合作与协调机制，其在金融治理中发挥主导作用。G20峰会机制不够完善，内部仍保留着传统的非平衡的全球代表权，作为松散制度形式治理效果有限（李仁真、王进，2012）[25]。

国际货币体系改革是全球金融治理的重要内容。在维持国际货币体系稳定性方面，中心国家与其他国家之间存在不公平性，IMF提供的金融援助又往往附带苛刻的条件，所以，发展中国家不得不积累大量的外汇储备以应对可能受到的冲击，并且会引发诸多的不可控风险等问题（Stiglitz, 2009）[26]。此外，国际货币体系存在的不确定性导致了非储备货币国家倾向持有更多国际储备，进而加剧了国际货币体系的不稳定（范小云、陈雷、王道平，2014）[27]。

从制度上看，以美元为主要国际货币的现存国际货币体系本身存在着制度上的缺陷和不足，国际收入长期处于非平衡状态、国际资本流动不对称，货币危机频发体现了国际货币体系运的制度风险和制度缺陷（刘力臻，2002；巴曙松、杨现领，2009；李建军，2009）[28][29][30]。对美元的过度依赖会导致全球经济结构的失衡，全球经济的振兴依赖于美国经济需求的增加，进而从货币依赖变成了实体经济依赖，以致将全球经济发展寄希望于美国，而美国经济的问题就变成了全球经济的问题，体现了美元霸权和现行国际货币制度的不合理性（陆前进，2009）[31]。

主权货币国际化矛盾的后果不容小觑，它已成为世界经济失衡和引发系统性风险的重要因素（朱纯福，2011）[32]。因此，积极促进多极化的国际货币体系，将有助于缓解甚至解决现行国际货币体系存在的难以维持储备货币偿付能力、无法避免储备货币贬值甚至发生储备货币危机、国际货币体系长期不稳定的难题（范小云、陈雷、王道平，2014）。

第二节 国际货币体系改革的理论基础

国际货币体系改革主要缘于学术界对国际货币体系呈现出来的问题的思考和论证。相关的理论主要包括主权货币充当国际货币必然面临的"特里芬悖论"，以及对固定汇率制度瓦解条件给出论述的货币危机理论。

一、特里芬悖论

特里芬悖论，又称特里芬两难（Triffin Paradox，Triffin Dilemma）[33]，于1960年，由美国经济学家罗伯特·特里芬提出。该理论的主要观点是指出了布雷顿森林体系本身所面临的内在矛盾，也是主权国货币充当国际储备货币必须面临的理论困境。

特里芬指出，在布雷顿森林体系下，美元与黄金挂钩，各国货币与美元挂钩，美元既是美国的主权货币，同时又是全球的储备货币。各国为了发展国际贸易必须持有美元储备，美国也必须为世界其他国家提供美元供给。为了保持这种格局，美国将面临长期的贸易逆差以输出美元。而美元作为主要的国际储备货币，若要保持币值稳定，则需要美国必须是长期贸易顺差国。

这一理论在国际经济学界被称为"特里芬悖论"或"特里芬两难"。

特里芬悖论的含义在于，主权货币充当国际储备货币必然会陷入"特里芬两难"，无论主权货币是否能够兑换黄金，都无法规避"特里芬两难"。主权货币的发行主要受制于一国的货币政策，而主权货币充当国际储备货币则会受到国际贸易和世界经济增长的影响。布雷顿森林体系的瓦解从实践上证明了特里芬悖论的正确性，如何化解特里芬悖论是国际货币体系改革需要着重考虑的问题。

二、货币危机理论

国际货币体系的另外一个重要组成部分即国际汇率体系，国际汇率体系的演进表现为汇率制度在固定汇率制度、浮动汇率制度之间的循环往复。典型的固定汇率制度是古典金本位下的固定汇率制度和布雷顿森林体系下的固定汇率制度，典型的中间汇率制度是欧洲货币体系曾经实行的对内固定、对外整体浮动的汇率制度。然而，这些固定汇率制度和中间汇率制度最终都瓦解崩溃，解释固定汇率制度和中间汇率制度崩溃的理论是三代货币危机理论。

（一）第一代货币危机理论

第一代货币危机理论由 Krugman（1979）[34]、Flood 和 Garber（1984）[35]提出，该理论阐述了扩张性的财政、货币政策与固定汇率之间的内在矛盾。

在固定汇率制度下，扩张性的国内信贷政策，尤其是将财政赤字货币化时，会导致外汇储备的流失。第一代货币危机理论的基本假设是建立在购买力平价和无抛补利率平价的基础上，在此前提下，固定汇率意味着政府须保持国内基础货币量不变，而扩张的货币、财政政策必定引发外汇储备的减少。当政府外汇储备下降至临界点时，固定汇率制度将崩溃，货币危机将发生，汇率由固定汇率转为浮动汇率。第一代货币危机理论基本揭示了拉丁美洲20世纪70年代末80年代初的货币危机，也可以用来解释布雷顿森林体系的瓦解。

（二）第二代货币危机理论

第二代货币危机模型的理论基础是基于 Barro 和 Gordon（1983）[36]等的政策规则模型。在政策规则模型的基础上，Obstfeld（1994[37]，1996[38]）构建了相关模型旨在解释1992年欧洲货币体系爆发的货币危机。

Obstfeld（1994）的理论模型分析了可调整的固定汇率制度可能面临多重均衡的结果，汇率制度走向哪种均衡取决于市场预期，程度不同的市场预期将决定固定汇率崩溃与否。该理论模型的关键是对政府的行为构建了相应的反应函数，政府在经济系统中以追求最优化参与者的身份出现，政府的目标是最小化一个损失函数，使产出波动和物价波动的幅度在满足约束的情况下达到最小。Obstfeld（1994）的多重均衡模型的结论是：任何一个外生冲击都可能将经济从一个均衡状态（不会发生汇率贬值），推向另一个均衡状态（汇率必然贬值）。该理论可以用来解释欧洲货币体系发生的货币危机，采取固定汇率制度的经济体，即使其经济基本面良好且拥有充足的外汇储备时，仍然可能因突然发生的投机性冲击而放弃固定汇率。

（三）第三代货币危机理论

为了解释1997年东南亚金融危机以及2002年的阿根廷货币危机呈现出的新特点，一系列新的货币危机模型被提出，统称为第三代货币危机理论。

第三代货币危机理论试图从不同角度来解释货币危机的形成机理，主要包括道德风险理论、双危机理论以及货币危机的资产负债表理论。

1. 道德风险理论

道德风险理论的核心内容是强调地方政府、中央政府或诸如IMF等国际机构对金融机构（如银行）的隐性或明确的担保导致的经济金融结构的扭曲。Dooley（1997）将道德风险因素引入第一代货币危机模型，以解释新兴市场经济国家的繁荣与随后的危机、政府担保以及道德风险之间的关系[39]。

道德风险理论机制是，地方或中央政府对脆弱的银行系统提供大量隐性担保，这会使银行储户或债券持有者对银行系统过度信任，并认为即使银行系统出现问题政府也会为其埋单，从而导致过度借贷（over-borrowing）和投资过热。过度借贷和投资过热的后果往往会催生资产市场泡沫，而没有实际价值支撑的资产价格在达到一定的高点后通常会出现资产价格迅速下跌，资产泡沫破灭；过度借贷时期获得融资的投资人在资产泡沫破灭的过程中通常会出现信贷违约，金融机构也会在此时抽回资金，从而导致资产价格进一步下跌。在此过程中，金融机构存在的问题也将逐渐暴露，储户担心金融机构可能无法按期偿还未来债务而出现挤兑，若挤兑行为导致大量金融机构倒闭，则人们对本币会失去信心，引起货币危机爆发[40]。另外，地方或中央政府对脆弱的银行系统提供大量隐性担保，其行为通常与预期赤字相联系，大量的赤字在将来可能要通过发行货币收取铸币税或通货膨胀税的方式解决，增发货币的结果将是引起本币被高估，当投机攻击发生时，盯住汇率制度将最终瓦解，货币危机将爆发（Craig et al.，2001）[41]。总而言之，隐性担保导致金融机构面临着投资者的道德风险，金融机构本身也存在道德风险，潜在的风险最终将可能导致固定汇率制度的瓦解。

2. 双危机理论

银行危机与货币危机相伴而生，且彼此深化的现象被称为"双危机"，解释"双危机"出现的理论则为双危机理论。

从银行危机到货币危机的传导机制，主要是银行危机出现后，政府通常会对金融机构展开救援，而政府的救援会使银行体系流动性增加从而引发信贷扩张，根据第一代货币危机理论的相关结论得知，国内的信贷扩张政策与固定汇率制度之间存在着冲突，会导致固定汇率的崩溃。Diaz Alejandro（1985）运用这一理论解释了1982年智利的金融危机[42]。Calvo（1996）在Diaz Alejandro（1985）研究的基础上指出，如果发生银行挤兑，政府为了救援银行体系而增加流动性，这会导致货币攻击[43]。

也有理论探讨了货币危机引发银行危机的过程（Stoker James，1994）[44]，此外，还有研究指出，可能是某些共同的因素引发了银行危机和货币危机，如金融自由化、资本流动、金融监管和道德风险等（Sachs，1996[45]；Mckinnon and Pill，1996[46]）。

3. 资产负债表理论

资产负债表理论强调分析货币危机发生的微观基础。以Krugman（1999）为代表的资产负债表理论认为，之前对东南亚金融危机的解释主要关注银行系统的问题，而忽略了更为微观的因素，即公司的资产负债表状况。公司的资产负债表状况与跨境资本流动状况这两个因素的共同作用能够对货币危机的爆发给出合理的解释。具体而言，Krugman（1999）在其模型中得到了多重均衡的结果，认为一些似乎无关的事件可能导致国外贷款人出现突发性的悲观预期，这种悲观预期会引发资本的大量外逃或资本流入的减少，从而引发投资崩溃，并导致本币贬值。经济系统产生这种坏的均衡，主要源于经济体本身的金融脆弱性，而这种金融脆弱性通常是金融自由化进程过快的结果[47]。Dornbusch（2001）在总结东南亚金融危机时也指出，基于资产负债表的分析有助于理解金融账户下的跨境资本流动是如何引发货币和金融危机的[48]。

三、全球经济治理理论

Desai（2010）和Kern Alexander（2006）[49][50]在针对治理或全球治理的概念内涵进行阐述时，认为经济治理只是全球治理理论在经济领域的运用。全球治理包括了在诸如超越国家和国际的其他层次上建立和执行规则，同时，也承认了国家在国际系统中的作用（Rosenau，1995）[51]。经济治理具有四个特征：治理是一个过程；治理过程的基础不是控制，而是协调；治理涉及公共部门和私人部门；治理是持续的互动，而非正式制度（俞可平，2002）[52]。

全球治理委员会认为，"治理"是个人和公私机构通过运用强制力实施权力的正式制度和统治方式（也包括非正式的约定），也是协调利益冲突、管理共同事务的各种方式的总称。世界银行从谁在治理、如何治理以及治理效果三方面指出了"治理"内涵的构成，即政治体制的构成形式；以发展为目的管理经济社会资源时行使权力的过程；设计、制定和实施政策的能力及履行义务的职能。经济合作与发展组织（OECD）给"治理"的定义是：一个社会中为管理其用于社会经济发展的资源而行使权力和实施控制，即其内涵包括确定利益的分配以及统治者和被统治者之间关系的性质。国际关系学者詹姆斯·西瑙则认为，无论在"草根"层面还是在全球层面，"治理"涵盖了政府的行为，但也包括许多其他的渠道，通过这些渠道，可以确定目标、发出指示和自动政策等形式传导下去。当全球治理的范畴聚焦在经济领域时，上述表述形成了全球经济治理的内涵和主要内容（黄薇，2015）[53]。

全球经济治理是指国际社会通过协商合作、建立共识、确定规则等方式，保障合理、有序的国际政治经济秩序规范，并对全球经济事务与经济政策进行协调、指导、管理和干预，以实现经济短期稳定与长期增长（黄薇，2015）。从本质上来说，全球经济治理在于提供一种制度安排，是为决定人们的相互关系而人为设定的一些制约。全球经济治理制度是为解决在国际无政府状态下的全球经济问题而设计的一系列规则、程序和机构，国家始终处于治理体系中心（邓若冰、吴福象，2016）[54]。

从全球经济发展的角度来看，全球经济治理的主要目标在于实现全球经济的稳定发展与合作共赢，使世界各国都能够享受到经济全球化与国际分工的成果。对于个体的国家而言，参与全球经济治理的动机和目标则是实现国家利益的最大化。要实现全球经济治理的目标，就必须构建公平、合理、高效、包容性强的国际经济秩序（傅瑜、杨永聪，2013）[55]。裴长洪（2014）从经济学一般意义上考察，认为全球经济治理就是提供一种全球公共物品，从公共品需求与供给的角度分析了全球经济治理的经济学含义[56]。在经济全球化深入发展的时代，它是稳定和改善国际经济秩序的必然产物。张宇燕等（2015）在结合行为体、对象、目标和实现形式等特点，将全球治理定义为由国家或经济体构成的多权力中心的国际社会，为处理全球问题而建立的具有自我实施性质的国际制度、规则或机制总和。或是在没有世界政府情况下，各国际博弈者通过集体行动克服国际政治中市场失灵的努力过程[57]。

四、"人类命运共同体"理论

学者往往从经济学理论层面和技术层面探讨国际货币体系改革。虽然这些研究对国际货币体系改革具有重要的理论意义和现实意义，但是仍有一个重要的问题被忽视了，那就是国际货币体系改革的价值观基础。

从理论上来说，国际货币体系是中性的，它是全球自由主义市场经济秩序的重要组成部分。但在现实中，随着纯粹的信用本位制完全取代金本位制，世界货币的价值基础逐渐从货币本身的价值变为以国家经济实力为支撑的法币信用（乔晓楠、张月莹，2018）[58]，国际货币体系逐渐失去了其中性特征。在这一转变过程中，国际货币体系逐渐丧失了其重要的普惠性，而沦为寡头牟利的工具，这也是金融危机频发的重要原因之一。因此，国际货币体系改革离不开"人类命运共同体"的价值观基础。

自2012年以来，人类命运共同体理论逐渐成为中国参与全球治理的重要指导思想。2012年中共十八大明确提出，"要倡导人类命运共同体意识，在追求本国利益时兼顾他国合理关切"。2015年9月，习近平在纽约联合国总部发表重要讲话指出："当今世界，各国相互依存、休戚与共。我们要继承和弘扬联合国宪章的宗旨和原则，构建以合作共赢为核心的新型国际关系，打造人类命运共同体。"2017年10月18日，习近平同志在中共十九大报告中提出，"坚持和平发展道路，推动构建人类命运共同体"。同时，倡导构建人类命运共同体，促进全球治理体系变革。2018年12月18日，在庆祝改革开放40周年大会上的讲话中，习近平总书记总结改革开放40年来我国所取得的伟大历史成就时指出："我们积极推动建设开放型世界经济、构建人类命运共同体，促进全球治理体系变革，旗帜鲜明反对霸权主义和强权政治，为世界和平与发展不断贡献中国智慧、中国方案、中国力量。"着眼推动新时代改革开放走得更稳、走向更远，习近平总书记强调："必须坚持扩大开放，不断推动共建人类命运共同体。"

人类命运共同体旨在追求本国利益时兼顾他国合理关切，在谋求本国发展中促进各国共同发展。人类命运共同体这一全球价值观包含相互依存的国际权力观、共同利益观、可持续发展观和全球治理观（曲星，2013）[59]。禹钟华和祁洞之（2013）[60]认为，国际货币体系演化的根本决定因素在于大国间的博弈，而根植于异质文化间不同博弈理念的博弈才是更深层次的博弈。以中西方文化的比较而言，西方世界秉承零和博弈理念，谋求对世界的终极控制；中国所秉承的共济博弈理念，根植于并超越了中国传统文化基因，以"万物并育而不相害"为道义要旨，以全人类命运共同体的和谐、高效及可持续发展为目标，具有超国家、超文化的人类意义。因此，中国应该广泛宣传其博弈理念和人类理想，努力构建自身文化理念主导下的国际货币体系：自由、民主、平等、高效、博爱、共济的服务型人类公共产品。

第三节 国际货币体系的主要组成部分及界定

本书的研究对象是国际货币体系的改革以及中国的参与对策，以经济危机和世界经济失衡为研究背景，以世界多极化的发展现实为依托，深入探讨国际货币体系的改革路径等理论问题。由于研究的主题是国际货币体系的改革，因此，需要对国际货币体系的含义、主要组成部分做一个界定，给出理论上最优的国际货币体系的内涵。

一、相关研究概念的界定

这里对于本书研究的主要概念进行界定,即国际货币体系、国际储备货币体系、国际汇率制度体系以及国际金融监管体系。

(一) 国际货币体系

国际货币体系(International Monetary System, IMS),有的学者称其为国际货币制度,或者国际货币体制等,是一种关于国际经济领域货币交换的规则和体制的集合。国际货币体系是伴随着近代国际贸易的大规模发展而逐渐产生的,是为了满足国际经济交易的需要而演变发展起来的,其目的主要是满足国际经济结算与支付的顺利进行。因此,可以认为国际货币体系是国际经济结算与支付的一系列安排、规则、制度的总称。

(二) 国际储备体系

所谓国际储备体系,主要是指在一种国际货币体系下,确立国际储备资产的结构及各种资产间相互关系的法律制度和安排的总称(徐立平,2016)[61]。

国际储备货币体系经历了金本位下的黄金—英镑储备体系、非典型金本位制下的过渡性储备体系、布雷顿森林体系下的美元—黄金储备体系和牙买加体系下的多元化储备体系。本书将研究现行国际储备体系的运行缺陷、可持续性及未来的改革方向。

(三) 国际汇率制度体系

国际汇率制度体系是指各国政府确定本国货币和外国货币比价的原则和组织形式,维持国际货币体系正常运转,由世界各国普遍承认和遵守的有关国际货币运行的程序和规则。按照传统的划分方式,汇率制度可以分为固定汇率制度和浮动汇率制度。

(四) 国际金融监管体系

金融监管体系是指为实现特定的社会经济目标,而对金融活动施加影响的一个整套机制和组织机构的总和。而国际金融监管体系则是为了实现全球金融稳定等目标而对金融活动进行规范和约束的机制和机构的总和。国际金融监管的主体包括国际金融组织（如国际货币基金组织、巴塞尔委员会等）、区域性监管组织（如欧共体银行咨询集团、阿拉伯银行监管委员会、中西亚银行监管委员会等）和一国的金融监管机构（如美国联邦储备管理委员会、日本大藏省、中国人民银行等）。本书主要研究国际金融组织这一层面。

二、国际货币体系的主要组成部分及其价值判断[①]

1. 国际货币体系的主要组成部分

关于国际货币体系的组成，早期学者认为国际货币（国际储备资产、国际流动性供给）、汇率制度和国际收支调节是其主要的组成部分。随着亚洲金融危机之后国际资本流动的急剧发展，开始有学者把资本流动也纳入国际货币体系的研究框架中，如普雷迪里（Predieri A, 2000）[62]认为，国际货币体系是包括汇率制度、资本流动、国际流动性创造与分配、国际收支调节和跨国金融监管在内的一系列宏观经济概念。卡尼（Carney Ricnarel, 2000）[63]也将资本流动纳入国际货币体系的研究范畴，认为国际货币体系是汇率制度、资本流动以及上述活动所遵循的一系列制度、规则或惯例的集合体。笔者认为，国际货币体系的组成尽管学界存在三因素说、四因素说和五因素说，但是国际货币供给（国际储备货币）、汇率制度是其基本组成部分，再加上国际收支调节、资本流动和跨国金融监管在内，构成其基本的组成部分。

在国际货币体系组成部分中，国际储备货币和汇率制度是核心组成部分，组成部分的其他规则、制度调整（发挥作用）的对象主要就是国际储备货币和汇率制度。如国际收支的调节。一是就货币的汇率进行调节（升值或贬值）；二是国际储备的调整（量的多少和货币构成比例的调整等）。而国际货币金融协调机构的主要目的是对国际货币体系参与国进行规则协调和约束，或在既有规则不利于国际经济发展时协调各国对规则进行调整或改革。历史上几次大的国际货币体系的变迁也主要体现在国际储备货币和汇率制度的变革上，如金本位到布雷顿森林体系是美元取代黄金成为国际货币，而牙买加

---

① 本书界定的国际货币体系主要由国际储备货币体系、国际汇率制度体系和国际金融监管体系构成。国际收支的调节没有纳入进来，是基于在固定汇率制度下国际收支的失衡由制度设定和国内经济政策来调节，而浮动汇率制度下国际收支的失衡主要由汇率调节。

体系与布雷顿森林体系的主要区别则是浮动汇率制度取代了固定汇率制度。可见,国际储备货币和汇率制度是国际货币体系的核心部分,它决定了国际货币体系的主要架构,同样也是国际货币体系改革的主要研究对象,也是本书的主要研究对象。

就当前的国际货币体系而言,美元是主要的国际储备货币,欧元、英镑、日元是重要的国际储备货币,人民币的国际储备货币地位也在逐渐提高。主要的发达国家实行浮动汇率制度,而其他国家则是联系浮动汇率制和盯住货币锚的固定汇率制度。改革选择何种汇率制度仍未有确切的判断标准,因此,改革的主要方向应视国际储备货币而定。国际储备货币的改革也是未来国际货币体系改革的重点和核心。

2. 国际货币体系各组成部分的价值判断

本书的研究主题是国际货币体系的改革,需要明确改革后的国际货币体系或者说改革的方向是什么,即理想的国际货币体系的标准有哪些?而理想的国际货币体系关乎对国际货币体系各组成的价值判断。

(1) 理想的国际货币体系。关于这方面的研究,学者大多没有给出具体的、界定性的逻辑体系,多是从国际货币体系的功能作用和其组成部分来论述的。

从国际货币体系的功能角度来看,理想的国际货币体系应能优化资源在国别间的分配,促进专业分工的发展有利于分散风险,实现世界经济的稳定发展和繁荣,维护国际经济体系的稳定;格林沃尔德和斯蒂格利茨(Greenwald and Stiglitz, 2006)[64]从稳定与均衡的视角探讨了理想的国际货币体系,稳定指汇率稳定、避免危机;均衡则是指每个国家的经济均衡发展,国际收支处于长期均衡状态。

关于理想的国际货币体系,从功能的角度进行的研究更多地用来判断已经存在的国际货币体系是否是理想的最优状态。比如,格林沃尔德、斯蒂格利茨(2006)的观点认为,以美元为本位货币的国际货币体系并没有实现世界经济的稳定和均衡发展,反而经济危机不断爆发,国际经济失衡的规模不断扩大。因此,研究现行的国际货币体系的改革,就需要探讨其具体的组成部分的理想标准。从理论上而言,任何一种国际货币体系都必须解决三大基本问题:提供足够的国际储备货币、调整国际收支差额以及维持对国际储备货币的信心。组成国际货币体系的基本构成部分为国际储备货币、汇率制度、国际收支调节以及跨国金融监管等，它们都可以发挥最佳的作用，实现世界经济的协调、稳定发展。

（2）理想的国际储备货币。关于理想的国际储备货币，中国人民银行行长周小川（2009）认为："首先，应有一个稳定的基准和明确的发行规则以保证供给的有序；其次，其供给总量还可及时、灵活地根据需求的变化进行增减调节；最后，这种调节必须是超脱于任何一国的经济状况和利益。"[65]美国哈佛大学的Emmanuel Farhi、加州大学的Pierre-Oliver Gourinchas和伦敦商学院的Helene Rey（2011）[66]也认为，"以最佳方式为世界经济提供流动性是任何运行良好的国际货币体系的核心内容"，也是国际储备货币的基本职责所在。

（3）理想的汇率制度和国际收支调节。理想的汇率制度和国际收支调节应该满足以下条件，即应建立一定的汇率机制，使各国间的国际货币结算和货币兑换无障碍进行，同时，还可以在剧烈变动时及时稳定汇率；国际收支调节则应能保证各国经济的平衡发展，确定适当的融资条件和融资数量，以避免不必要的国际收支调节[67]。

（4）理想的国际金融监管体系。许多学者都认为，对国际流动性进行管理以及加强国际经济协调和金融监管是理想的国际货币体系不可或缺的部分。理想的国际金融监管体系应该能够及时发现重大系统性金融风险，保证全球金融系统的稳定、个别金融机构的风险不至于危及整个经济体系的安全、全球经济平稳运行。

第四节　国际货币体系改革的文献综述

国际货币体系改革的文献综述将主要从以下五个方面展开，分别包括对国际储备货币发行及流动性管理缺陷的研究、汇率制度的失效及国际收支调节的研究、国际金融监管缺陷及治理的研究、现行国际货币体系可持续的合理性研究、国际货币体系改革方案的相关研究。

一、关于国际储备货币发行及流动性管理缺陷的研究

（一）关于国际储备货币发行内在缺陷的研究

当前国际货币体系最本质的缺陷在于不可兑换的纸币——美元作为国际储备货币，即以纯粹信用本位制作为国际货币体系的运行基础，从而使体系运行具有内在的不稳定性。而且，随着 21 世纪以来世界经济的发展这种不稳定性越来越明显。在当前的国际货币体系下，美元既充当国内货币又行使着国际货币的职能，舒尔迈斯特（Schulmeister，2000）[68]指出当下的美元的双重职能，使美国在制定货币政策时更多地"向内看"，即政策的首要目标是满足美国国内的经济发展，这就为世界经济带来了极大的不稳定性。斯塔尔（Starr，2004）[69]指出美元作为国际储备货币，其供给和管理却完全出于国内经济目标的考虑。尤其是在发生经济危机、国内经济发展目标和稳定国际货币体系的目标相冲突时，美国当局必然会舍弃国际目标，这带来的是世界经济的长期动荡。坎帕内拉（Campanella，2009）[70]则从实证的角度论证了 20 世纪 70 年代的石油危机、80 年代的拉美债务危机和 90 年代的亚洲金融危机都与美元的双重角色相关。2008 年的世界经济危机更是如此。美元的双重角色加上现今美元发行约束的缺失，给世界经济带来了巨大的风险。美联储在考虑美元供给时，并不考虑国际储备货币发行与世界经济平衡之间的关系，因此，其货币政策对世界经济产生巨大冲击，尤其是对于不发达国家和新兴经济体的国内金融市场和货币政策制定冲击更大（夏斌、陈道富，2006）[71]。亚历山德里尼和弗拉迪安尼（Alessandrini and Fratianni，2009）[72]指出美元发行的约束软化为美国带来直接的利益收入。自 20 世纪末到 21 世纪初以来，美国通过美元发行获得的收入占美国进口总额的 6.5%，2001~2008 年则超过 12%，折合约 2.4 万亿美元。

（二）关于国际流动性管理缺陷的研究

美元发行的约束软化直接导致了国际流动性管理的困难。美元作为国际储备货币，其发行不考虑国际经济的需求，有时造成国际流动性的泛滥，引发国际通货膨胀的倾向。有时又造成国际流动性的不足，引发国际通货紧缩的倾向。

首先,现行的国际货币体系具有潜在的流动性泛滥的危险,很多学者从多个角度都给予过论证。奥坎波(2009)[73]指出,现行国际储备货币的发行由于美元不受黄金的约束,美元发行更加宽松,国际收支逆差越来越大。美元的发行没有考虑持有大量美元资产国家的影响,例如,美元扩张所带来的欧洲美元和亚洲美元的大量供给导致世界资产泡沫越来越大,美国通过释放流动性让其他国家共同分担了国内政策调节的成本。美国次贷危机的爆发生动地说明了一旦流动性过剩突然发生逆转,将会给世界经济和全球金融系统造成破坏性的冲击(张明,2007)[74]。这是2008年世界金融危机的根源之一。

其次,现行的国际货币体系有时也具有国际流动性紧缺的危险,造成世界范围的通货紧缩。奥坎波(2009)从国际收支调整的非对称性解释了世界范围的通货紧缩倾向。他认为,非储备货币发行国一旦遭遇国际收支逆差而又不能获得足够的外部融资的话,这些国家的国际储备货币需求得不到满足,就将造成全球通货紧缩倾向。斯蒂格利茨和格林沃尔德(2010)[75]从总需求的角度也对通货紧缩倾向给予了解释,他认为,非储备货币发行国为了应对外部流动性资本的冲击,积累了大量的国际储备资产,而外汇储备的积累意味着购买力的"冷藏"。没有危机时可以通过美国不断地贸易逆差提供总需求,一旦危机爆发,美国调整政策后逆差减少,全球经济就将陷入衰退,引发全球的通货紧缩。

二、关于汇率制度的失效及国际收支调节的研究

(一)关于汇率制度失效的研究

1976年,牙买加协议承认了浮动汇率制度的合法性。从理论上而言,实行浮动汇率意味着各国对外汇储备资产的需求应明显减少,可是在实践层面完全推翻了这一理论。尽管各国都采取灵活的汇率制度,但是从整体来看,国际储备货币的需求并没有降低。外围国家反而不得不积累大量的储备货币以备不时之需。潘英丽(2012)[76]认为,汇率的不稳定性严重伤害了国际贸易和投资活动,进而影响发展中国家的实体经济。由于主权货币不是国际储备货币,所以发展中国家几乎承担了国际汇率波动的全部成本。随着金融资

本的大规模流动，高达50%甚至100%的汇率波动显示现今的国际浮动汇率制度早已丧失了事实上的合法性，因此，应加强对国际浮动汇率的监管。

（二）国际收支调节的研究

当前，国际货币体系是国际经济失衡的根源。由于美元发行的软约束，国际资本流动监管不力。从国别来看，国际收支失衡成为必然，而现存的体制对于纠正国际收支失衡效果也不尽然。美元作为国际储备货币，对于美国而言，其国内货币就是国际货币，也即意味着国际债务和国内债务美元差异。因此，美国经常采取积极的货币政策和财政政策以刺激国内经济，从而造成长期的经常项目逆差，带来事实的世界范围内的国际收支的失衡。美元本位制的国际货币体系加剧了全球国际收支失衡（张明，2009）[77]。在世界经济活动中，一方面，非储备货币国输出实际资源为美国提供产品和服务；另一方面，他们持有的外汇资产仅仅能得到极低的回报率。而美国则只需要开动印钞机就可减少收支逆差，而无须调整国内经济，这带来了世界范围内的资源配置和收益的不公平和不平等。李稻葵和梅松（2009）的研究则指出，在准美元本位国际货币体系下，美国国内信贷持续紧缩会伴随部分新兴市场国家的国际收支的危机。王道平、范小云（2011）通过构建国际收支货币分析框架，运用理论分析得出以下结论：从长期来看，储备货币国的经常账户赤字是必然结果，新兴市场国家频繁发生货币危机可能并非传统危机理论中所阐述的由危机发生国自身的因素导致，而与储备货币国——美国，企图削减国际收支赤字的政策有关。美国试图减少经常账户赤字、实现国际收支平衡的政策，可能恰恰是导致竞争性货币贬值、贸易保护主义政策抬头的诱因之一[78]。

三、关于国际金融监管的缺陷及治理的研究

当前全球金融监管的主要机构是国际货币基金组织（IMF），IMF 由于其治理结构存在的缺陷，导致发挥救援作用和监管机制时存在不可避免的缺陷。

（一）国际货币基金组织的内在缺陷

长期以来，IMF 的发言权和决策权被少数发达国家掌控，新兴市场国家和发展中国家在组织中的代表性严重不足，具体表现在：一是其采用以份额为基础的决策机制；二是其权力机构和管理层的组织特征。这两个层面存在

的主要问题就是给予发展中国家的决策权太少,与发展中国家在世界经济中的地位不符,也与 IMF 对这些国家造成的影响不符,由此削弱了 IMF 的合法性、有效性和代表性(Portugal and Murilo,2005)[79]。

在救援机制上,IMF 以提供有条件贷款为主要手段,而这些条件证明可能会恶化受援国的经济状况,导致其国内经济陷入衰退甚至加大其金融动荡的概率。有学者认为,IMF 的权力分配格局有利于发达国家利用 IMF 贷款条件影响发展中国家的经济政策,其本质上是服务于美国国家利益(曹勇,2005)[80]。另外,国际货币基金组织在处理阿根廷金融危机时所表现的选择性援助行为,已经损害了其作为全球政策性金融公共产品的国际声誉(章玉贵,2015)[81]。

在监管机制上,IMF 注重对个体的监测,而忽视了全球系统性的金融风险,更多被监管对象为发展中国家。再加上其在监管问题上与其他金融机构缺乏有效合作与协调,各自为政,从而造成监管空缺引发 2008 年国际金融危机。

(二)对国际货币基金组织改革的思考

针对 IMF 的主要缺陷,2008 年以来,IMF 实施了一定程度的改革,最主要的是 2008 年 4 月和 2010 年 12 月分别通过的关于份额和发言权改革(Quota and Voice Reform)的决议以及关于份额和治理改革(Quota and Governance Reform)的决议,其在一定程度上提高了发展中国家的份额和发言权,但是改革之后,美国仍然在 IMF 的重大事务上拥有一票否决权,改革没有触动根本。至于其救助机制和监管机制,专家和学者提出了各自的设想,如 Buira(2003)[82]认为,IMF 应简化贷款条件,增加救援方案设计的透明度,在救援方案的设计过程中应咨询受援国相关专家的意见。Sarkozy(2011)[83]提出 IMF 应扩大融资渠道,运用新的更灵活的贷款工具。Lachman(2005)[84]指出可通过向私人部门借款、出售黄金等方式获得资金以解决资金不足的问题等。

(三)对国际金融监管改革的其他研究

除了对 IMF 的缺陷以及治理机制的研究外,Ocampo 和 Stiglitz(2011)[85]提出 G20 在应对此次金融危机的过程中显示出了自身的有效性,并认为 G20 应该在国际货币体系改革中起到带头作用。Alpet(2011)[86]回顾了 20 世纪 40

年代初的凯恩斯计划,提出应设立一个全新的国际清算联盟。还有的学者在对国际金融监管改革进行跟踪研究后提出国际金融监管改革的主要任务是修复引发危机的"断层线",增强全球金融体系的安全稳健性,以更好地满足实体经济的金融需求,这也是二十国集团领导人达成的共识。同时,为了提升国际金融监管的有效性,应善于捕捉风险的动态变化,以宏观的视野做好监管制度设计,对内则要注重金融监管与其他宏观政策的协调配合,对外加强跨境监管的协调(綦相,2015)[87]。

四、关于现行国际货币体系可持续的合理性研究

关于现行的国际货币体系,即美元本位制的可持续性分析,学者主要集中在两个层面:一是关于东亚、中东等外部地区国家行为特征的研究,主要论证支撑美元本位制的外部地区的行为选择的影响因素以及发生根本性转变的限制条件等;二是关于美国本身经济状况可持续性的研究,即美元本位制的核心国家的行为选择问题。

(一) 支撑美元本位制的外围国家的行为选择

关于对东亚、中东等外部地区国家的行为选择的研究,三位经济学家杜利(Michael P. Dooley)、福克特·兰道(David Folkerts Landau)和加伯(Peter Garber)(2003)认为,外围国家的政府之所以选择以美元作为盯住货币,是与其自身的出口导向型经济发展目标相吻合的[88]。麦金农(Ronald McKinnon)(2005)的观点也属于这个范畴[89]。艾肯格林则更认可市场网络外部性的选择,认为美元本位制的形成(外围国家选择美元作为基础货币)是市场网络外部性(国际贸易的最优实现)的选择,是市场效率提高的表现,从而美元本位制的延续时间及其更迭也是由市场网络选择发生的[90]。关于艾肯格林的市场选择理论,李晓,冯永琦(2012)认为,现代国际货币体系的建立都是经过一系列国际协定和条约等形式实现的,这些国际协定和条约也许是市场选择后的一种结果确认,但不可否认的是大国角逐和博弈仍然存在,即美国霸权带来的影响[91]。还有一些学者则从地缘政治学的角度对某些国家选择美元作为基础货币进行了阐释[92],比如韩国、日本、沙特阿拉伯等海湾国家出于安全角度的考虑,以及准军事同盟等条件的制约选择美元作为其主

要的储备货币等。当然,从这个角度看,中国就是明显的反证。国外学者的研究多是从宏观的视角,分别从政府行为、市场性以及地缘政治学等角度阐释了美元本位制的形成,从而间接地分析了美元本位制的可持续性问题。

(二)美国本身经济状况的可持续性

关于美国本身经济状况可持续性的研究,主要分析了美国经济运行各个层面的可持续性,以研究美元本位制的存续问题。李晓(2010)认为,尽管20世纪90年代以来,东亚国家的区域内贸易不断增长,但是其最终产品市场则仍严重依赖于美国等核心国家和地区。尽管东亚国家不断进行经济结构的调整和改革,但是任何改革都是利益的再分配,必然充满艰辛,短期内这种趋势没有从根本上改变的可能,这也从另一个侧面反映了美国等核心国家的世界基础货币国的地位短期内不可逆转[93]。项卫星(2009)也认为,东亚国家的选择是美元本位制维系的重要基础。他把美元本位制下的国家分为"金融国家"和"贸易国家",东亚地区则是典型的贸易国家,"金融国家"和"贸易国家"之间的经济失衡是美元本位制存在的重要基础,经济全球化的不断深入又使"贸易国家"与美国经济紧密相关。因此,短期内美元本位制会受到挑战,但是却不会灭亡[94]。日本的竹中正治(2011)则从美国对外负债的可持续性视角研究美元本位制,认为美国对外资产和负债之间正的投资回报差额的存在是美元本位运行的关键因素,并通过模型假定三种情形分析了美国对外正的投资回报差额可持续存在,从而验证了美元本位制的可持续性问题[95]。还有的学者从美国财政可持续性[96]、美国巨额贸易逆差的可持续性[97]以及美国经常项目赤字可持续存在[98]的角度验证了这一论题。

五、关于国际货币体系改革方案的探讨

关于国际货币体系改革的讨论,自从布雷顿森林体系开始实质性运行后就没停止过。不同的历史时期,关于国际货币体系改革的重点探讨也不尽相同。现在运行的国际货币体系,又称牙买加体系,是对布雷顿体系崩溃后的国际经济现实的承认。在布雷顿体系崩溃之后关于国际货币体系改革的探讨大致可以分为三个时期:第一个时期是在20世纪七八十年代,布雷顿体系刚刚解体,世界发达国家改向浮动汇率制度。这一时期的探讨主要有美国

"黄金委员会"的"恢复金本位制"、设立"替代账户"、库珀的"单一货币制"以及"设立汇率目标区"等。第二个时期是20世纪90年代以后到2008年世界金融危机之前，尤其是东南亚金融危机之后。讨论的重点在于改革国际货币基金组织以及加强区域货币合作，尤其是东亚货币合作进程的推进。第三个时期是2008年世界金融危机引发的对于美元本位制弊端的批判和建立全新的国际货币体系等的意见建议。综合来看，近年来，尤其是第三次关于国际货币体系的讨论，虽然是新的历史条件下引发的，但是其很多思想早已存在，是对原来观点的深化，更具系统性。下面就历次探讨的代表性观点综述如下：

（一）恢复金本位制

恢复金本位制的探讨是20世纪70年代布雷顿体系刚刚崩溃后，世界经济陷入"滞涨"，一些学者认为是汇率波动和黄金非货币化的影响而主张恢复金本位制。为此，1981年，美国里根政府曾经专门成立了一个"黄金委员会"，对这一问题进行研究。实践证明，由于黄金产量的限制，金本位制的恢复成为过去。

（二）建立新金本位制

这种主张与20世纪70年代探讨的恢复的金本位制不同，新金本位制并不依赖实际存在的黄金储备，而是借助于当前发达的金融衍生工具，以中央银行发行保证本国货币按固定比率购回黄金的远期合约意愿为基础，根据对未来的预期，以金融市场的力量扩张或收缩一国的货币供应量。同时，投机者的投机行为可以产生一种稳定效应，因为他们买卖债券的活动将导致货币与黄金的相对价格走向均衡的固定比率。

新金本位制可以摆脱黄金存量与储备分布对全球经济增长的制约，也可以避免国际收支调节机制与机遇国内经济平衡政策的矛盾，但是对金融市场发达程度与金融监管提出了更高的要求。

（三）设立汇率目标区

国际汇率制度的选择直接取决于国际本位货币的选择，不同性质的本位货币带来的必然是不同的汇率制度。在以金属货币为本位货币的制度下，各国的货币价值取决于贵金属的含量，汇率也是由各国货币的含金量的多少决定,只要金属本身的价值不变,汇率就不会轻易改变。因此,实行的是固定汇率制度。而在以信用货币为本位货币的体制下,信用货币价值确定缺乏内在基础,因此,确定各国货币之间的固定汇率是无法实现的,所以信用货币本位制下浮动汇率制度是一种必然选择。现行国际货币体系即是以信用货币——美元,为本位货币的体制,改革的历史不会出现倒退,金属本位制由于产量限制等天然原因不可能成为未来国际货币体系的选择方向,因此,无论改革如何进行,信用货币担任国际本位货币的趋势不可避免,浮动汇率制度成为必然选择。

但是浮动汇率制度不利于国际经济活动的开展,于是不少专家学者提出了设立汇率目标区的设想。如美国的约翰·威廉姆森(John Wiliamson)[99]、马科斯·米勒(Marcus H. Miller)、保罗·克鲁格曼(Paul Krugman)[100]等都参与了讨论。设立汇率目标区的主要手段是谈判与协商,即主要工业化国家确定其货币之间的"一揽子"双边汇率变动的目标区,然后将各国货币汇率的实际变动控制在汇率目标区上下各10%的范围之内,各国有义务保持其货币汇率在目标区内波动。在亚洲金融危机之后,维持三大主要货币汇率稳定的建议,如目标区建议以及通过货币政策实现G3之间的固定汇率制的建议重新受到了人们的重视(Citrin and Fischer, 2000)[101]。

汇率目标区设想对国际货币体系改革有重要的借鉴意义,但是其讨论过于笼统,尤其是设立步骤和手段的探讨过于简单,没有路径规划,而这恰恰是将来的国际货币体系运行的现实基础。

(四)建立区域性货币联盟

区域性货币联盟探讨的实质是国际储备货币的多元化的一个重要组成部分,或者说是国际货币体系多元化的重要步骤之一。当前,美元是主要的国际储备货币,欧元是第二大份额的国际储备货币,虽然暂时没有与美元匹敌的实力,但潜力巨大。英镑、日元也是国际储备货币之一。除此之外,人民币国际化的进程在不断加速,伴随着中国经济实力的不断提升,人民币将来也许也会成长为重要的国际储备货币。新兴市场国家如印度、俄罗斯等都在推进各自的货币国际化进程。储备货币的多元化是不可逆转的潮流,是世界经济多元化在国际金融领域的体现。

20世纪60年代,由蒙代尔、麦金农、凯南等创立和发展了"最适度货币区理论"。欧洲汇率机制的建立和欧元的诞生是这一方案的成功代表。亚洲金融危机后,蒙代尔又提出了建立"亚元区"的构想,届时全球将形成"稳定的三岛",他还提出了构造由美元、欧元、日元组成的货币篮的构想,即"DEY"方案。这一方案主要考虑的是汇率制度和汇率稳定。具体来讲,新的国际货币计划将分为三个阶段来执行:第一阶段,在 G3 之间稳定汇率;第二阶段,建立 G3 的货币联盟;第三阶段,创立国际货币。除此之外,肖耿(2009)提出为应对危机应该建立应急的美元、人民币、日元三边货币挂钩机制,但首先三国要克服观念上和政治上的障碍[102]。这是比"DEY"方案更乐观的调整方案。

在实践层面,亚洲金融危机之后,东亚货币合作进程加速,"东盟 10+3 合作机制"与"清迈协议"推动着东亚货币合作的进展。但是由于历史因素的困扰,东亚货币合作的进程有待进一步考察。

(五) 国际货币体系的多元化

关于国际货币体系多元化的讨论从布雷顿森林体系崩溃之后就没有停止过。21 世纪之前,讨论主要集中在德国马克(后来的欧元)和日元等货币的强势崛起以及国际化的过程及影响上,而东南亚金融危机之后,随着东亚货币合作进程的加快,亚元概念的提出,人民币国际化也开始成为讨论的热点。

货币体系多元化的基础是世界政治经济格局的多元化。根据 IMF 测算,预计到 2020 年,北美、欧元区及英国、"金砖四国"及日本这三大区域经济体将分别占全球 GDP 份额的 20%、21%、31%。现实情况是,"金砖四国"及日本不是一个整合的经济体,将来成立区域联盟的可能性也微乎其微。但是中国经济的崛起似乎不可阻挡,随着东亚货币合作进程的深化,人民币或者说将来的亚洲货币单位必将成为多元货币格局的一极(Salvatore and Dominick,2011)[103]。在这样的格局下,美元、欧元、人民币作为最重要的基准货币,主要货币之间的相对汇率通过谈判和博弈产生。根据李稻葵等(2008)的定量研究,中国作为 GDP 排名世界第二的经济体,如果能够改革顺利,预计到 2020 年人民币在国际储备中的比重达到 15.15%~21.45%,超过英镑和日元成为世界第三重要的国际储备货币[104]。当然,预测的前提是人民币国际化的顺利推进和国内政治经济体制改革的平稳过渡。对于美元、欧元和人民币的三极体系,Jayakumar 等(2011)[105]也持有类似的观点。

对于三级体系的具体形态，张明（2009）认为，美元的势力范围可能会逐渐萎缩到北美、拉丁美洲以及其他一些区域，欧元的适用则会进一步扩大。在亚洲，人民币或在其中扮演重要角色的某种亚洲货币单位将会成为广泛使用的国际货币[106]。Pingfan Hong（2005）[107]则具体提出了各个国家储备资产多元化是国际货币体系改革的可以先行的步骤；Camdessus（2009）[108]、Bergsten（2009）[109]也提出了相似的观点，认为可以积极利用特别提款权的替代账户来实现国际储备资产的多元化等。

从现实来看，国际货币体系多元化的路径是一种现实选择和考量，也有大量的学者认为多元化的储备货币格局的最大优势在于重新引入了约束储备货币发行的纪律，但是不可否认的是多元化也意味着不稳定的增加。Dailami 和 Masson（2009）[110]认为，由于多元化的储备货币的存在，储备货币之间的转化将会更加便利，但是也更容易引发储备货币的信心危机。尤其是在金融危机来临时，并不能保证储备货币发行国竞相采取恶性的货币政策，从而为世界经济带来更加不稳定。

由此可见，多元化的国际货币体系改革也许是最现实可行的路径选择，但是相关文献并没有就多元化之后主要储备货币发行国之间的货币政策合作提出切实可行的建议和措施，也没有相关的模型和经验可供借鉴，还需要学界不断地探索。

（六）建立超主权货币的探讨

创建超主权货币的设想从 20 世纪 40 年代开始就没有停止过。布雷顿森林体系成立之初，英国政府代表凯恩斯提出的凯恩斯计划就提出设立以 30 种代表性商品为基础设计的名为 Bancor 的国际货币。而在 20 世纪 60 年代，IMF 创设的 SDR 则是实践中的一种尝试，虽然 SDR 还不具备国际货币的特质。2008 年国际金融危机之后，关于创设超主权货币的提议再次成为学界讨论的热点问题之一。然而，超主权货币的实行存在诸多的现实困难，各国主权的让渡就是不可想象的事实。因此，与其创设新的超主权货币，扩大已有的超主权货币——SDR 的作用更具有现实性。

在国际经济学界，支持扩大 SDR 作用的经济学家主要有 Stiglitz（2009）[111]、原日本财长神原英资（2009）以及联合国国际金融体系改革专家小组（2009）等。国内中国人民银行行长周小川（2009）[112]也提出应强化

SDR 的作用，建立超主权国际储备货币的设想。在实践层面，扩大 SDR 的作用有三个方向：第一，扩大 SDR 的发行规模，扩充 SDR "货币篮子"的组成比重，强化 SDR 的信用基础。根据 Williamson 的测算，IMF 每年发行 4570 亿 SDR 就可以显著提高 SDR 在国际储备货币中的地位。而将人民币等新兴市场经济体的主权货币纳入 SDR 的"货币篮子"是增强 SDR 代表性的重要措施；第二，积极推动 SDR 在私人部门的交易，推动 IMF 和主要国家发行以 SDR 计价的主权债务；第三，对 IMF 进行改革，建立公平、公正、高效的运作机制，平衡各国利益，公开、透明货币政策操作等。为了实现 SDR 取代美元成为国际货币体系的中心，马泰奥·拉戈等（2009）认为可以考虑特别提款权的替代账户。在实践中，替代账户是指由 IMF 用其发行的 SDR 购买成员国持有的美元资产，然后用吸收的美元资产投资美国的长期债券和其他国家发行的有价证券，所得收入返还给替代账户的存款者的措施。替代账户在 20 世纪 70 年代初就已经被提出，但是由于威胁到美元储备资产的地位，被美国反对而一直未能付诸实施。针对 SDR 的改革，国内经济学家徐明棋（2013）认为，当前 SDR 改革的重点不是为了让其发展成为超主权货币，而是为了给美元确定一定货币锚，以约束美元国际储备货币的发行。为此，徐明棋探讨了 SDR 需要的相关的配套的改革措施等[113]。

创建超主权货币的设想，除了以 SDR 为基础之外，还有的学者提出 SDR 具有不可克服的缺陷，因此，提出了其他的改革方案。如林毅夫（2013）[114]的纸黄金方案等。他提出的纸黄金首先是一种超主权货币，其次是一种信用货币，并不与黄金挂钩，也不与"一揽子"主要商品挂钩。纸黄金的发行按照林的设想主要由一个专家委员会根据世界 GDP 的增长跟贸易的增长来决定储备货币增发的比例，这样在一个快速贸易增长的环境下，就可以避免实物作为储备带来的通缩压力。

综合分析以上的国际货币体系的各种改革方案可以看出，国际货币体系的改革过程实际上是发达国家之间以及与发展中国家的利益博弈过程。现实的国际政治经济格局决定了发达国家在未来的改革中仍占主导地位，经济快速发展将增强新兴市场经济体的话语权与决策力，国际合作和协商成为未来国际货币体系运行的基础型手段和机制。从现实路径考量，短期内区域货币合作的加强，人民币国际化的改革深化以及为美元发行建立一个锚以约束其发行规则是可行性的基本方案，中期目标则是实现国际储备货币的多元化。这种多元化不再是当前的美元超强基础上的多元化，而是多个国际储备货币发行实现有序竞争和合作的多元化；长期目标则是创设超主权货币，以彻底解决主权货币承担国际储备货币的"特里芬两难困境"。

本章小结

本章探讨的主题是国际货币体系改革的相关理论基础及其相应文献回顾。本书主要从金融危机、国际经济失衡与国际货币体系的视角出发，探讨了国际货币体系改革的具体原因，并对国际货币体系改革的相关理论进行了阐述。现行国际货币体系的缺陷是全球经济失衡的主要根源，在全球经济失衡的现状下，东亚等新兴经济体的资金回流美国，一方面，造成了美国资产价格尤其是房地产价格的泡沫；另一方面，也压低了美元利率，使美国"无风险收益率"降至历史最低，为追求收益，金融机构不断创新，杠杆率越来越高。流动性的过剩加上金融创新带来了最终的金融危机。另外，考虑到国际货币体系改革的相关问题，国内外学者从现行国际货币体系各组成部分的主要缺陷、现行国际货币体系的可持续性、国际货币体系改革方案等诸多角度对国际货币体系改革进行了深入的探讨。

第二章
国际货币体系改革的历史演进

研究现行国际货币体系的改革，必然以研究国际货币体系的历史演进为基础，因为任何事物的发展都离不开历史。国际货币体系是各国经济联系的纽带，它的作用在于维护外汇市场的秩序与稳定，为资金短缺的经济体提供国际信贷，建立国际货币金融事物的协调机制以应对各种冲击。本章的主要内容集中于对国际货币体系改革的演进从历史的维度予以论述，具体分为三个部分，分别为国际储备货币变革的历史分析、国际汇率制度变革的历史分析以及国际金融合作变革的历史分析。

第一节 国际储备货币变革的历史分析

对于国际储备货币的变革，本章将围绕"黄金—英镑本位""黄金—美元本位"和"美元本位"展开分析，具体包括"黄金—英镑本位"到"黄金—美元本位"再到"美元本位"的历史背景、"黄金—英镑本位""黄金—美元本位"和"美元本位"的历史运行机制、"黄金货币化"到"黄金非货币化"变革的历史必然三部分。

一、"黄金—英镑本位""黄金—美元本位""美元本位"的历史背景[①]

有研究表明,直到20世纪20年代中期,美元才超越英镑成为各国国际储备的首选(Eichengreen and Flandreau,2009)。[115]因此,可以认为1920年以前,国际储备货币体系是以英镑为主的寡头垄断时代,这里称为"黄金—英镑本位"。在1920年以后,国际储备货币体系进入英镑和美元的双寡头时代,直到第二次世界大战以后,美元彻底超越英镑成为最主要的国际储备货币(Aliber,1966[116];Chinn and Frankel,2008[117]),直到布雷顿森林体系瓦解之前,这一时期可以称为"黄金—美元本位"。布雷顿森林体系瓦解以后,黄金的非货币化时代开始,国际储备体系进入"美元本位"时期。

(一)"黄金—英镑本位"的形成过程

英镑成为主要国际储备货币的形成过程与英国经济成为全球霸主有着至关重要的联系。而英国率先建立起金本位制度,使英镑和黄金一度成为最主要的国际储备。

第一次工业革命率先在英国开展,这极大地提升了英国的国际经济实力。而直至19世纪后半叶,蒸汽动力的出现,使货币当局能够铸造更精细的货币。在此之前,货币的铸造主要是依靠人力摇动摆杆推动螺旋压力机,这种主要依靠人工铸造的货币导致很难区分真币和伪币,也使各国实行金本位制度存在技术上的困难。蒸汽动力的诞生则解决了这一问题,英国铸币局于1816年开始使用蒸汽动力压力机,同年,颁布了《铸币法》,1821年正式建立起金本位制。工业革命给实行金本位制度的英国带来了丰厚的回报,英国成为经济发展领先国家和外国融资的主要来源如表2-1所示。

---

① 笔者把金本位制度下的储备货币形态界定为"黄金—英镑本位",布雷顿森林体系下的储备货币形态界定为"黄金—美元本位",这样可以区别于现行的"美元本位"。另外,在牙买加体系之前,黄金都是实质上的储备货币,而信用货币英镑、美元则是可以兑换成黄金,因此用"黄金—英镑本位"和"黄金—美元本位"这样的表述。

表 2-1　1820~1870 年英国占世界工业总值和贸易总额的比重

年份	占世界工业总值的比重（%）	占世界贸易总额的比重（%）
1820	50	27
1840	45	25
1850	39	22
1860	36	25
1870	32	25

注：表 2-1 主要内容转引自宋则行，樊亢. 世界经济史（第一卷）[M]. 北京：经济科学出版社，1989：201.

在 19 世纪前 70 年里，拥有世界 2% 人口的英国掌握着世界工业产值的 1/3~1/2 和世界贸易总额的 1/5~1/4（见表 2-1）①。与此对应的是，英国拥有世界上最大的商船队，1850 年商船吨位为 360 万吨，占世界总数的 47%。1870 年达到 569 万吨，超过美、德、荷、法、俄等国的总和②。

伦敦成为当时最繁忙的国际贸易港口，也是当时世界上唯一的金融中心。各国之间的债权债务关系大都在伦敦银行结算。英国的经济发展也促使其他国家设法与英国开展贸易并从英国引进资本。直到 19 世纪中期，英国在控制经济波动、在经济下行时进行政策调整方面比欧洲和美洲更富有经验，并不断地进行着制造和贷放，为全世界执行着银行和运输业务[118]。英国的贸易大国地位决定了其商业银行在经营相关业务上也顺势而为具有了先天优势，同时，二级市场也成为最大最活跃的市场，也同时成为国际信贷市场上最活跃的最后贷款人（Last resort），向全世界输出资本。而此时的纽约和美元还仍未展现出其国际化的一面。

随着英国开始实行金本位制度，英国也成为世界工商业界的引领者。与英国有密切贸易往来的葡萄牙于 1854 年效仿英国实行金本位制度。但其他国家实行金本位却是在 50 年以后。如日本在 1897 年采用黄金作为本位货币，印度则在 1899 年将金镑定位法币，而卢比同金镑相联系。1897~1907 年，墨

---

① 资料来源：董君：《国际货币体系研究：变迁、规律与改革》，中国经济出版社，2013 年版，第 31 页。
② 资料来源：库钦斯基：《资本主义世界经济史研究》，生活·读书·新知三联书店，1955 年版，第 107 页。

西哥、阿根廷和其他产白银的美洲国家也逐渐改为金本位制。西方世界形成了黄金本位制和复本位制两大阵营。随着欧洲第二大工业国——德国于1871年实施金本位制以后，其他国家实施金本位制度的意愿更加强烈，各国纷纷效仿邻国开始实行类似的货币本位制度，在网络外部性的作用下，丹麦、瑞典、荷兰、拉丁货币同盟纷纷加入金本位制行列，与英国和德国开展贸易。美国直到1879年才恢复可兑换货币制度，终于建立起以黄金为基础的货币制度。直到20世纪初，真正意义上的以黄金为基准的国际货币体系才得以建立。

在国际金本位制下，各国国际储备主要以黄金和外汇为主（见表2-2）。有学者研究指出，1913年，各国持有的国际储备货币中，英镑占比达到51%，法国法郎占比为33%，德国马克占比为16%（Lindert，1969）[119]。由此可见，直到第一次世界大战以前，英镑在国际储备货币体系中仍然占据着绝对领先的地位。

表2-2 19世纪80年代后期国际储备构成

	储备形式		
	黄金	大部分是外汇	全部是外汇
国家	英国、德国、法国、美国、比利时、瑞士	俄罗斯、澳大利亚、南非、埃及、奥行帝国、日本、荷兰、斯堪的纳维亚、其他英属国家	菲律宾、印度、拉美各国

注：表2-2主要内容转引自巴里·艾森格林. 资本全球化：一部国际货币体系史 [M]. 北京：机械工业出版社，2014：22.

（二）"黄金—美元本位"替代"黄金—英镑本位"的历史背景

19世纪中期，美国仍处于处境十分艰难的境地。美国内战使美元在战后贬值，货币系统紊乱，美国内战是通过发行不可兑换美元进行融资的，美国那时还无暇顾及货币制度问题。但美国渐渐成为世界上最大的金银生产者，且在1872年美国经济总量开始超过英国[120]。然而，由于美国开拓美洲大陆和内战均由举债做支撑，因此，那时的美国是世界上最大的债务国。

美国自19世纪80年代开始，工业史开始了一个新纪元，它的特点是更加集约地开发自然资源，减少对原料外销和资本进口的依赖，增加美国制造品的出口，开始美国制造品的大规模输出，美国在大部分基本工业生产方面迅速地超过了联合王国。在 20 世纪初，美国金融家首次为支援欧洲各国政府而购买了将近一亿美元的市债票和国家债票①。而此时恰是英国的资本输出处于最低点的时候。但美国已经在为其过剩的制造、组织和金融力量寻求更广阔的空间，不仅仅局限于美洲大陆，而且已经开始入侵英国了[121]。

由于 1870~1914 年是国际金本位制运行的黄金时期，极大地促进了国际资本流动和国际贸易的发展。1870~1900 年世界主要工业国家的平均增长率为 3.7%，1900~1913 年则达到 4.2%；而这一段时间世界贸易的平均增长率则为 3.50%，属于 "二战" 前较为快速的增长时期；国际资本流动急剧增长，截至第一次世界大战前，西欧主要债权国和美国大约提供了 440 亿美元的对外投资。其中，英国是最大的资本输出国，提供了大约 180 亿美元的资本输出②。尽管有学者认为直至第二次世界大战前夕，英镑仍然是最主要的国际货币，但最新研究则表明，美元在 20 世纪 20 年代中期已经取代英镑，成为最主要的国际储备货币，并作为国际贸易中被广泛使用的货币，得到这一结论主要是通过关注在全球债券市场中美元是如何发挥融资功能（Eichengreen et al.，2012）[122]。两次世界大战以后建立起来的布雷顿森林体系，标志着 "黄金—美元本位" 国际储备货币体系的正式成立。

(三) 从 "黄金—美元本位" 到 "美元本位" 的历史背景

从 "黄金—美元本位" 到 "美元本位" 的历史背景主要对应 20 世纪 60 年代开始的数次美元危机。

两次世界大战结束以后，欧洲及日本等国面临着战后经济复苏，在战后的冷战格局下，美国于 1948 年开始实行复兴欧洲的马歇尔计划，并对日本开始加以扶植。为面临经济复苏的国家提供美元流动性导致美元持续外流，美国的国际收支出现逆差。在 "黄金—美元本位" 体系下，导致美国的黄金储备开始流失，美元的国际地位开始削弱。

1960 年 10 月，第一次美元危机爆发，国际金融市场上大量抢购黄金、抛售美元，伦敦黄金市场上的黄金价格暴涨至 41.5 美元/盎司，高出黄金官价

---

① 工业调查委员会报告书（Report of the Industrial Commission）（1902 年），第 41 页。
② 资料分别来源于宫崎犀一、森田桐郎著的《近代国际经济要览：16 世纪以来》（陈小洪、任兴洲、姚玉明、张建同译，中国财政经济出版社，1990 年版）和马君潞的《国际货币制度研究》（中国财政经济出版社，1995 年版）。

20%。20世纪60年代末,美国爆发周期性经济危机,美国的国际收支状况进一步恶化,对外短期负债大幅增加。1971年5月,国际金融市场上再次爆发美元危机。为了缓和危机,美国、英国、联邦德国、法国等10个国家的财政部长和中央银行行长在美国华盛顿举行会议,针对汇率、美国对外贸易政策等达成相关协议,试图通过美元法定贬值等方式继续维持布雷顿森林体系。然而,1973年又连续爆发美元危机。1971年8月,尼克松政府实行的"新经济政策"已经宣布停止美元兑换黄金。"黄金—美元本位"的国际储备货币体系正式宣告结束。但布雷顿森林体系期间已经形成的美元作为最主要国际储备货币的状况并未改变,随着黄金的非货币化,国际储备货币体系进入"美元本位"时期。

二、"黄金—英镑本位""黄金—美元本位""美元本位"的运行机制

(一)"黄金—英镑本位"的历史运行机制

19世纪,英镑成为最主要的国际货币的原因是英镑与黄金挂钩带来的价值的高度稳定。本杰明(Benjamin,1971)曾指出,"没有任何一种货币能像英镑一样提供一种价值上的高度确定性"。因此,英镑本位的运行机制可以理解为金本位的运行机制[123]。

金本位制以黄金作为基础,以英镑作为黄金的替代品,因此可暂且将英镑也视为黄金。于是,金本位制,便可以理解为一种英镑体系。英镑,在实际经济运行过程中居于主导,发挥着联系世界其他货币与黄金的桥梁作用(见图2-1)。英镑成为各国货币与黄金进行沟通兑换的媒介。基于这种人为的设定,金本位制形成了一种上下双层的并行控制结构。英国通过对英镑和黄金的控制,间接地掌控其他国家的货币,而金本位制也就此初具规模。

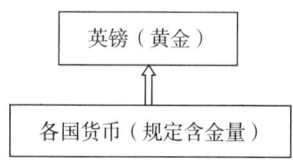

图2-1 英镑本位的基本逻辑

在国际金本位制下，黄金是最基本的货币形式，而英镑以黄金的符号形式间接地替代黄金成为实际上的货币。整个黄金本位制都是建立在黄金价值基础之上的，整个黄金本位制的信用体系以及功能都是以实物黄金作为保障的。对金本位制的运行机理进行阐释的理论中，大卫·休谟提出的物价——现金流动模型是影响力最大的理论。大卫·休谟模型假设流通中只有金币，而忽略了银行的作用。当一国发生贸易赤字时，即出口小于进口，黄金净流出，这会导致贸易逆差国国内货币供应量减少，物价下降。反之，贸易顺差国由于货币供应量增加而出现物价上涨。这种相对价格的变化会使贸易逆差国商品更具竞争力，从而增加出口，减少进口。对贸易顺差国而言，则对应着进口的增加和出口的下降，直至贸易恢复平衡。因此，金本位制下的贸易不平衡具有一种自我调节的机制。物价——现金流动模型是经济学最早的一般均衡模型之一，对18世纪国际收支的自我调节机制给出了精致简洁的解释。

另外，英镑作为国际货币的国际使用还受到英国金融市场高度的流动性和开放性的支持。Eichengreen（1992）指出，英格兰银行对金融流动性和黄金可自由兑换的保证，是增强英镑国际吸引力的重要因素[124]。金融市场的广度和深度共同决定了金融市场的流动性走向，一种货币的国际地位受制于货币发行国是否具有发达的金融市场？能否保证金融资产可以随时自由兑换？以及能否为广大投资者提供优质金融资产。英镑国际货币地位的稳定与当时英国发达的金融市场是分不开的。

然而，由于黄金是一种超主权国际货币，黄金被控制的难度大，因此，也就不能完全被西方国家所垄断。在这样的货币体系之下，货币作为控制手段是具有局限性的。

(二)"黄金—美元本位"的历史运行机制

美元取代英镑成为最主要的国际储备货币的典型阶段是布雷顿森林体系成立以后。因此，对"黄金—美元本位"历史运行机制的探讨主要是在布雷顿森林体系的大背景下进行分析的。

世界各国于1944年在美国的新罕布什尔州的布雷顿森林召开联合国与联盟国家货币金融会议，确定了以"怀特方案"为基础的"联合国家货币金融会议的最后决议书"以及"国际货币基金组织协定"与"国际复兴开发银行协定"等附件，以上协议统称为"布雷顿森林协定"，制定了战后新的国际货币新秩序。布雷顿森林体系下建立了关于国际储备货币的安排，建立以黄金—美元的双挂钩模式，即美元与黄金以固定的兑换比例挂钩，其他国家货币再以固定汇率与美元挂钩，可以自由兑换。但是，只有外国政府在一定条件下可以用美元向美国政府兑换黄金，而外国居民和企业则不能自由兑换黄金。

布雷顿森林体系成立之初，各国货币并未实现可自由兑换，这一时期称为"前可自由兑换阶段"（1946～1958年）。在"前可自由兑换阶段"，西欧各国和日本处于战后重建时期，按照1944年英美两国的协商，美国认为欧洲战后主要依靠"开放的多边贸易体系"，以贸易促进经济发展，从而换来欧洲急需的美元储备。但实践证明，美国的设想出现严重的偏差，由于"急于"实现英镑的可自由兑换引发的1947年的英镑危机，更使美国重新审视他们计划的"可兑换性"时间表和操作步骤，进而在1948年下半年开始拨付巨额的"马歇尔援助基金"。即便如此，在欧洲严格的进口管制措施下，1949年9月，欧洲货币比上年贬值了30%。以恢复经常账户可兑换为目标的欧洲支付联盟从1950年开始运作。美苏冷战的爆发更使美国默认了欧洲的贸易管制。欧洲经济逐步恢复，朝鲜战争的爆发刺激了美国对欧洲商品的需求，西欧主要国家的美元储备不断增加。与此同时，美国的黄金储备不断下降，短期流动性负债不断上升（见表2-3）。1958年西欧各主要国家积累了足够的外汇储备基金，1959年1月，西欧主要国家货币开始同美元自由兑换。由此，布雷顿森林体系开始进入"可自由兑换阶段"。总结这段时期可以得出：布雷顿森林体系这一时期并未良好运行。首先，西欧国家货币多次贬值，并远远超出规定的浮动范围，外围国放弃盯住美元的行为也时有发生；其次，为了增加出口，限制进口，欧洲各国普遍实行资本账户和贸易账户的管制，贸易摩擦不断；最后，更重要的是欧洲主要货币在协议规定的5年期限内实现不了对美元的自由兑换，期限一拖再拖，直至各国积累了足够的外汇储备资金为止。

表2-3　美国的黄金储备和对外流动性负债（1949～1958年）　　单位：十亿美元

年份	黄金储备 （1）	对外流动负债 （2）	官方负债 （3）	流动比率 （2）:（1）	流动比率 （3）:（1）
1949	24.56	6.94	3.36	0.28	0.14

续表

年份	黄金储备 (1)	对外流动负债 (2)	官方负债 (3)	流动比率 (2)∶(1)	流动比率 (3)∶(1)
1950	22.82	8.89	4.89	0.39	0.21
1951	22.87	8.85	4.16	0.39	0.18
1952	23.25	10.43	5.56	0.45	0.24
1953	22.09	11.36	6.47	0.51	0.29
1954	21.79	12.45	7.52	0.57	0.35
1955	21.75	13.52	8.26	0.62	0.38
1956	22.06	15.29	9.15	0.69	0.41
1957	22.86	15.83	9.14	0.69	0.40
1958	20.58	16.85	9.65	0.82	0.47

资料来源：马君潞.国际货币制度研究[M].北京：中国财政经济出版社，1995：70.

1959年，当西欧主要国家货币实现了对美元的可自由兑换之后，布雷顿森林体系进入了"可自由兑换阶段"（1959~1968年）。布雷顿森林体系的核心是确保美元与黄金的可自由兑换，这也是这一体系运行的边界所在。但是，随着欧洲和日本经济的复苏，美国经济的增长越来越缓慢。1957年的经济危机对美国经济的打击远远大于西欧各国，美国资本大量外流，国际收支逆差迅速扩大。1959年，美国对外流动负债为19.43亿美元，黄金储备为19.51亿美元。1960年对外流动性负债为21.03亿美元，黄金储备则为17.80亿美元，美元的信用基础发生动摇。正如前文所述，1960年10月爆发了第一次美元危机。

为了稳定美元，防止国际货币体系的动摇，美国政府一方面对内实行严格的资本管制措施，诸如对进口增加附加税，禁止美国人在国外持有黄金，禁止美国公民收集金币，发行以国外货币标价的债权，对金融中介机构实施限制措施等；另一方面国际社会积极开展国际合作，援助美元。尽管采取了许多措施，也只是延缓了布雷顿森林体系的崩溃，美国的对外流动负债不断增加，而黄金储备不断减少（见表2-4），更大的美元危机以及由此带来的体系的崩溃不可避免。

表 2-4　美国的黄金储备和对外流动性负债（1959~1971 年）　　单位：十亿美元

年份	黄金储备 (1)	总国际储备 (2)	对外流动负债 (3)	官方负债 (4)	流动比率 (3)：(1)	流动比率 (4)：(1)
1959	19.51	21.51	19.43	10.12	1.0	0.5
1960	17.80	19.36	21.03	11.09	1.2	0.6
1961	16.95	18.75	22.94	11.83	1.4	0.7
1962	16.06	17.22	24.27	12.91	1.5	0.8
1963	15.06	16.84	26.39	14.43	1.7	0.9
1964	15.47	16.67	29.36	15.78	1.9	1.0
1965	14.07	15.45	29.57	15.82	2.1	1.1
1966	13.24	14.88	31.02	14.89	2.3	1.1
1967	12.07	14.83	35.67	18.19	3.0	1.5
1968	10.89	15.71	38.47	17.34	3.5	.16
1969	11.86	16.96	45.91	15.99	3.9	1.4
1970	11.07	14.49	46.46	23.77	4.2	2.1
1971	11.08	13.19	67.81	50.64	6.1	4.6

资料来源：马君潞. 国际货币制度研究 [M]. 北京：中国财政经济出版社，1995：70.

1968 年 3 月第二次美元危机使美国和其他国家再也无力维持自由市场上的黄金官价。"黄金总库"解散，实行"黄金双价制"，即官方黄金价格仍按 35 美元的官价，自由市场的黄金价格自由浮动，政府不再干预。至此，美元实际上已不能自由兑换黄金，美元也与黄金价格脱轨，布雷顿森林体系名存实亡，进入了"瓦解崩溃阶段"（1969~1973 年）。由于连年的越战带来的庞大开支，美国经济衰退，1971 年出现首次贸易项目逆差，同年，黄金储备不及同期对外流动负债的 1/5，大量资金外流，自由市场抛售美元风潮再起。1971 年 8 月 15 日，美国宣布停止美元兑换黄金的义务。1971 年 12 月的《史密森协定》也没能改变美国的贸易收支状况。1970 年 6 月 1 日，加拿大元自由浮动，1971 年 5 月，联邦德国马克和荷兰盾自由浮动，1972 年英镑汇率单独浮动，1973 年日元、瑞士法郎自由浮动，各国货币先后放弃与美元的比价，布雷顿森林体系在 1973 年彻底瓦解。

(三)"美元本位"的历史运行机制

美国关闭黄金窗口后,1971年签订的《史密森协定》也无法挽救布雷顿森林体系。1973年爆发的美元危机使各国货币纷纷停止了与美元的自由兑换,布雷顿森林体系正式崩溃,国际储备货币体系也开始进入"美元本位"时期。

1972年7月,国际货币基金组织成立了"国际货币体系改革和有关问题委员会",该委员会由美、英、德、法等11个发达国家和印度、巴西、摩洛哥等9个发展中国家组成,故又称"二十国委员会"。1974年,该委员会发布了《改革纲要》,随后宣布解散。1974年10月,IMF又成立"二十国临时委员会",主要负责国际货币体系改革的有关事宜。1976年1月,"二十国临时委员会"在牙买加的首都金斯顿举行会议,就国际货币体系框架下的各国汇率安排、黄金处理、基金份额扩大和分配、储备资产的构成等诸多内容进行讨论,签订了《牙买加协定》,从而正式开启了牙买加体系时代。

《牙买加协定》以文件的形式正式确定了黄金非货币化,国际货币体系进入了历史上第一个以纯粹的信用货币为本位货币的货币体系时期。在牙买加体系下,由于美国强大的经济和金融实力的支持以及国际货币体系网络外部性作用的发挥,美元仍然是最主要的国际储备货币,因此这一时期的货币体系也被称为"美元本位制"。在《牙买加协定》中特别提到的在未来货币体系中应以特别提款权作为主要的储备资产的规定,在现实中也没有得到很好的市场支持。如表2-5所示为1970~2010年全球国际储备资产的主要构成情况,可以看到特别提款权的地位微乎其微。

表2-5 全球国际储备资产的构成(1970~2010年) 单位:%

年份 资产	1970	1975	1980	1985	1990	1995	2000	2005	2010
黄金	43.7	47.2	62.0	45.6	32.0	22.6	12.6	10.7	11.3
外汇储备	45.2	45.5	34.1	46.4	63.3	72.9	83.5	87.8	85.2
储备头寸	7.7	4.2	2.0	5.2	2.5	2.9	2.7	0.9	0.7
特别提款权	3.4	3.1	2.0	2.9	2.2	1.7	1.2	0.6	2.8

注:资料来自IMF,International Financial Statistics,IMF Annual Report 2011。

美元作为最主要国际储备货币的地位并未随着布雷顿森林体系的瓦解而结束,即使爆发于美国的次贷危机使美元在全球已分配官方外汇储备中的比例有所下降,但仍然超过60%。由此可以得出结论,美元仍然是各国官方储备货币的首选。

三、从"黄金货币化"到"黄金非货币化"变革的必然历史

从货币发展史上看,早在古代社会黄金便开始承担货币角色。黄金的货币化对应着货币发展史进程中的商品货币本位制时期,这是与当时的经济发展状况相适应的。金银复本位被金本位取代源于金银复本位在理论和实践中的失败,这种金银复本位的弊端已经严重影响了当时市场经济的发展。

18世纪后期,英国率先完成了从银本位、金银复本位到金本位货币制度的转化,而英国之所以成为最早实现金本位制度的国家源于英国市场经济的发达。古典金本位制得以维系依赖于英国的政治经济霸权地位。第一次世界大战期间,各国为了调动战争资源,政府废止发行货币需要黄金或外汇支持的法规,发行法币,即不可兑换纸币为战争筹款。英国和欧洲其他地区因此出现了严重的通货膨胀。英国由于其战前的国际货币体系的中心地位,即便黄金储备所剩无几,国内通胀严重,因为"担心编制的汇率回到金本位会剥夺其政策的福利效果,……为了使英国对黄金的承诺是可信的"(巴里·艾肯格林,2009)[125],故在美国的援助下,以战前平价恢复了可兑换性,于1925年4月25日宣布恢复黄金支付。但被高估的英镑打击了英国出口商品的竞争力,抑制了出口,加剧了失业,使英国连年贸易逆差,黄金储备流失殆尽。

进入20世纪以后,第二次科技革命的兴起使德国、美国经济快速增长,美国在20世纪初已成为最大的经济体。第一次世界大战期间,美国的贸易顺差增长了近9倍,1914年贸易顺差仅为4.3亿美元,到1917年达到35.6亿美元。出口的扩大带动了生产的急骤发展。1915年起,美国进入了一个为时5年的"战争繁荣"周期。战后美国已成为世界上最大的债权国和最大的资本输出国家。美国的国外投资从1913~1930年增长7倍有余,其中30%投放在欧洲。到1919年,协约国欠美国债务100亿美元,其中英国向美国负债大

约 40 亿美元，法国向美国负债 30 亿美元，美国是全世界 20 多个国家的债权国。另外，美国的黄金储备也大量增加，1913 年黄金储备约为 7 亿美元，1921 年增长了 2 倍达到 21 亿美元，到 1930 年则达到 45 亿美元，占全世界黄金储备的 40%。与此同时，英国的黄金储备量在 1921 年不足美国黄金储备的一半，仅为 8 亿美元[126]。到战争结束时，美国已集中了资本主义世界黄金储备的一半以上。同时，国际金融中心开始从伦敦转移向纽约，美元在世界货币中的地位上升，英镑地位开始下降。

第一次世界大战直接导致美国的崛起和欧洲的衰落，第二次世界大战后英、美之间的经济实力差距越来越大，英国作为世界第一经济大国的地位已经让位于美国，英镑的国际储备货币地位也让位于美元，至此，国际储备货币体系完成了由"黄金—英镑本位"到"黄金—美元本位"的转换。

然而，黄金发挥储备货币职能对应着特定的历史背景。古典金本位崩溃的过程事实上即预示了未来"黄金货币化"向"黄金非货币化"转变的必然。随着世界经济的发展，世界经济规模不断增长，全球经济的一体化程度逐渐提高，跨境资本流动愈加频繁。而黄金货币化意味着世界经济的运行要受到黄金生产的约束，黄金生产的发展很难满足世界经济发展的需求，尤其在战争期间，战争参与国家为获得战争所需的资金，肆意发行纸币，这将无法保证纸币价值的稳定，纸币兑换黄金的机制也被破坏。布雷顿森林体系期间，之所以美元能够维持与黄金按照固定比率兑换，是基于当时美国储备的大量黄金以及黄金货币化的使用惯性。

布雷顿森林体系的瓦解标志着"黄金非货币化"进程的正式开始，也使国际储备货币体系结束了"黄金—美元本位"。"黄金非货币化"是美国人的一次重大的违约行为，也使美元从资产货币成为现在的债务货币。从法律的角度看，国际货币体系的"黄金非货币化"是在 1978 年伴随修改后的《国际货币基金协定》正式被明确的。但世界经济秩序延续了以美国为核心的世界经济格局，美元仍然是最主要的国际货币，仍是各国选择官方储备的首选资产，"美元本位"的国际储备货币体系开始形成并得以延续。

国际货币体系改革及中国参与路径

第二节 国际汇率制度变革的历史分析

一、由"固定汇率制"到"浮动汇率制"的历史循环背景

(一) 第一次世界大战导致古典金本位下的固定汇率制度瓦解

第一次世界大战的爆发使第一个正式建立的国际汇率体系——古典金本位下的固定汇率体系彻底瓦解。

战争前的古典金本位下,各国政府宣布其货币含金量,承诺国内货币可以换取一定数量的黄金,而各国货币含金量的相对比值确定了汇率。因此,古典金本位制是典型的固定汇率制,各国汇率保持稳定,汇率波动的最高界限是铸币平价加运金费用,即黄金输出点(Gold Export Point)。汇率波动的最低界限是铸币平价减运金费用,即黄金输入点(Gold Import Point)。英国在金本位时期独特的地位使其国际收支免受冲击影响,且英镑成为国际货币体系的锚货币。

然而,古典金本位时期汇率得以稳定的基础是"三自由原则",即允许对金币的自由铸造、自由兑换、自由输出入。但第一次世界大战使这一规则戛然而止。各国政府通过法律禁止黄金出口,黄金的自由流动受到阻碍,黄金市场的套利行为也被迫中止,这直接影响了货币汇率。同时,为了解决战争支出,各国当局开征新税并发行政府债券,并废止发行货币需要黄金或外汇支持的法规,发行不兑现纸币支付战争支出,失去了黄金这一货币锚的后果直接导致了各国货币汇率的大幅波动。

(二) 战争间歇期间汇率的不稳定

第一次世界大战期间,货币当局滥发货币的行为势必导致严重的通货膨胀,以美国的数据为例(见图2-2),战争期间美国CPI指数大幅度上涨,从战争初期的2%左右,到1917年同比增长20%,严重的通货膨胀必然带来汇率的浮动。在20世纪20年代前半段,有些国家已经实行相对纯正的自由浮

动汇率制。在浮动汇率期间，这些国家都发生过通货膨胀和货币贬值。例如，1926年底，法国法郎所能兑换的美元仅仅是战前的1/5（巴里·艾肯格林，2009）[127]。

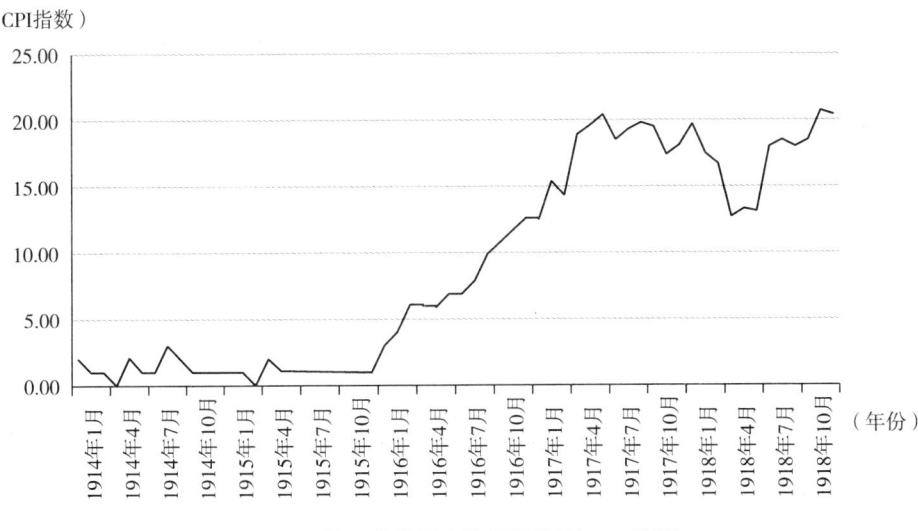

图2-2　第一次世界大战期间美国CPI数据

资料来源：美国劳工部。

另外，以德国马克为例，1914年8月，德国放弃马克与黄金之间的自由兑换，发行不可兑换的纸币"Papiermark"（英文称为paper mark），尤其当德国在1922~1923年发生恶性通货膨胀期间（见图2-3），"纸币马克"成为德国货币的代名词。从第一次世界大战爆发，德国马克即开始贬值。"一战"结束之后，德国的恶性通货膨胀在1923年10月达到顶峰，德国被迫发行新币——Rentenmark以取代旧币Papiermark，1万亿旧币等于1单位新币，以解决恶性通货膨胀带来了低端负面影响。

1929年，世界主要工业国家爆发了前所未有的大危机，各国银行系统陷入崩溃的边缘，中央银行为了维护国内金融体系的稳定，救助银行系统就意味着动摇了金本位制的基础，各国先后宣布放弃货币的可兑换性，顷刻之间金本位制就先后在奥地利、德国、英国、美国崩溃。以法国、比利时、荷兰、瑞士为主的黄金集团也在坚持了数年后，先后暂停了可兑换性。

国际金汇兑本位制崩溃后，英国联合其殖民地、半殖民地国家形成了

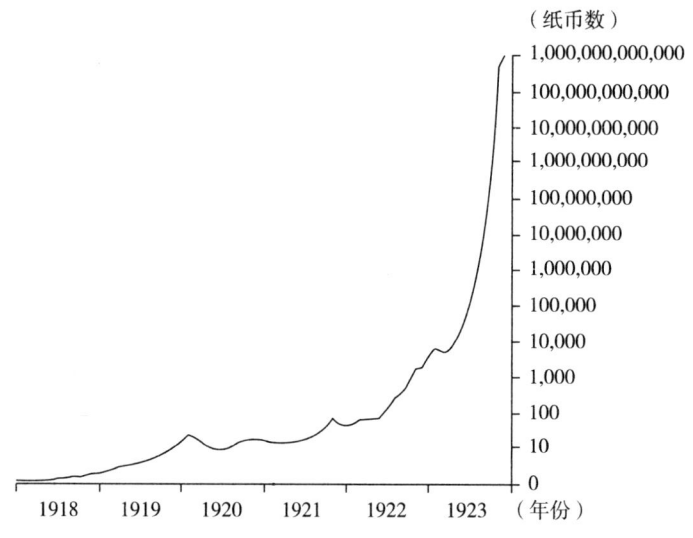

图 2-3　1918~1923 年德国通货膨胀状况

注：数据为 1 单位黄金马克的纸币马克价格，图中做了对数处理。

资料来源：Wikipedia, "Hyperinflation in the Weimar Republic"。

"英镑集团"，集团内部成员国货币对英镑保持固定汇率，自由贸易和自由资本流动。美国则联合加拿大、菲律宾及中南美洲一些国家形成"美元集团"，内部成员国货币盯住美元，贸易往来和结算均以美元进行。法国则联合最后的黄金本位国家形成以法郎为中心的"黄金集团"，金本位崩溃后则盯住法郎。三个货币集团的成立，对内自由的资本流动和贸易结算，对外则壁垒高筑、竞相贬值。1936 年英、法、美三国协商汇率调整，取得了一些成效，随后被"二战"爆发中断。

两次世界大战期间，由于战争摧毁了古典金本位赖以存在的基础，各国纷纷禁止黄金出口，各国货币汇率进入无序波动的状态。尽管为了稳定货币价值，各国尝试重新恢复金本位制，但历史条件和客观环境均无法支撑原有的金本位体制。战争期间，汇率市场处于极度波动的状态，不存在可以遵守的普遍的汇率规则。

（三）重建固定汇率体系

"二战"后世界经济的碎片化促使各国均希望能够重建稳定货币对外价值

的机制，于是在美国的主导下，确定了以"怀特方案"为基础的"布雷顿森林协定"以及战后新的国际货币新秩序。在该新秩序下，新的固定汇率体系得以建立，各国货币通过与黄金挂钩、黄金与美元挂钩的双挂钩模式，重新建立起固定汇率体系。

在布雷顿森林体系下，各国需要调整其货币政策以保证其汇率的相对稳定，各国货币对美元的汇率可以在平价上下各1%的范围内浮动，如果超过浮动范围，各国政府需要在外汇市场进行干预。如果遇到"基本不均衡"（fundamental disequilibrium）的存在，盯住汇率可以调整，但调整有条件约束，而且对于这种"基本不均衡"事实上从未有过清晰的定义和界定。这是一种需要各国在政策上相互协调的国际汇率体系，避免各国货币竞相贬值，从而有利于国际贸易的顺利展开。布雷顿森林体系建立的主要宗旨即为稳定汇率，在国际贸易日益活跃的背景下，能够满足日益增长国际交易需要的交易媒介即为布雷顿森林体系的核心货币——美元，这也得益于美国强大的经济背景作为基础。同时，美国在战后掌握着世界黄金总量的2/3，使美元能够与黄金保持固定比价（1盎司黄金=35美元），各国持有美元相当于持有黄金，因为美国政府执行美元与黄金可以自由兑换的政策。而事实上，持有美元更具有吸引力，因为持有美元还可以赚取相应的利息，且美元比黄金更具便利性。

（四）浮动汇率合法化

布雷顿森林体系下重新建立的全球范围内的固定汇率体系是对两次世界大战期间各国货币汇率的高度无规则变动的纠正，这种通过美元与黄金挂钩、各国货币与美元挂钩的固定汇率体系仍旧无法摆脱贵金属黄金对货币供给形成的天然约束，且国别货币——美元充当国际货币也受到"特里芬悖论"的制约。因此，20世纪70年代以来，在发生数次美元危机后，布雷顿森林体系瓦解，全球进入浮动汇率合法化的时代。

浮动汇率合法化，意味着允许成员国可以自由选择汇率安排，由此各国汇率安排进入了一个混合汇率体系的时代。其中，发达经济体大都采用独立的浮动汇率制度，政府不加干预。大部分发展中国家和新兴市场国家由于资本市场的不完善，多采用不同形式的固定汇率制和有管理的浮动汇率制。而在小型开放经济中，如中国香港、百慕大和开曼群岛，则实行货币局制①。其中，欧洲货币体系的"蛇形蠕动"汇率机制是在浮动中寻求一种内部的相对固定。

然而，从20世纪90年代开始频繁爆发的货币危机使国际社会重新反思国际汇率制度在固定汇率制与浮动汇率制之间循环往复的内在机制。欧洲货币体系的瓦解表明即使一国宏观经济基本面运行良好，仍然可能因为市场预期的突然转向而发生投机攻击，而这种投机攻击使危机具有自我实现的性质（Obstfeld，1994[128]，1996[129]）。以往的货币危机并未出现在国际货币体系的核心国家，而2008年爆发的全球性金融危机却始于国际货币体系的核心国——美国，因此，美元作为最主要货币锚的地位受到严重威胁，国际汇率体系是否将面临重大变革成为国际社会关注的焦点。

二、"固定汇率制""浮动汇率制""中间汇率制"的运行机制及价值判断

（一）固定汇率制的运行机制及价值判断

全球范围内存在的两种"固定汇率制"——古典金本位制和布雷顿森林体系均以黄金作为所有国别货币的货币锚，尽管布雷顿森林体系时期，美元更多地发挥着货币锚的作用，但信用货币与黄金挂钩，必然受到黄金供给量的约束，这与日益增长的国际贸易和国际投资的需求是矛盾的。布雷顿森林体系从根本上来说是一种金汇兑本位制，美元的世界货币职能建立在与黄金挂钩的基础之上。

首先，固定汇率制度下，两国货币的比价相对稳定，有利于企业在国际贸易、国际信贷与国际投资等涉外经济活动中进行成本和利润核算。其次，固定汇率制度下，央行的货币宽松程度受到限制。因此，市场对通胀水平的预期较低，有利于央行控制合理通胀。再次，固定汇率制有助于消除汇率风

---

① 货币局制是指通过制定议会法令或宪法修正案，要求政府或者中央银行将它们的货币盯住贸易伙伴的货币。货币当局在制度上要求盯住汇率，再加上法律修改的难度，使其不受政治压力的影响，提高了市场的信心。但其弊端在于它对货币当局的约束甚至比古典金本位制下充当最后贷款人干预的约束还要强。

险，进而促进国际贸易和投资。以欧元区国家为例，各国均使用欧元消除了欧元区内部贸易的汇率风险，这极大地促进了区域内的贸易和投资。最后，固定汇率制有助于防止国家间为获取出口优势进行无意义的竞争性升值或贬值。然而，由于各种国际或国内因素，固定汇率制也可能受到攻击而崩溃，1998年的亚洲金融危机就是固定汇率制度受到国际资本投机攻击而导致最终放弃固定汇率制的典型案例。

(二) 浮动汇率制的运行机制及价值判断

布雷顿森林体系崩溃之后，牙买加体系确立了黄金非货币化。黄金非货币化导致的是名义货币锚的缺失，美元凭借着美国强大的经济金融实力成为事实中的本位货币，而没有黄金的约束，美元的发行更多地取决于美联储对于国内经济形势的判断，导致美国公共债务不断上升，贸易逆差数额不断扩大，全球的流动性失衡。而汇率浮动的合法则是大规模的资本流动带来的必然产物，同时也有力地推动了资本流动规模的不断扩张，一方面促进了全球化的发展；另一方面带来了危机的频繁发生。

首先，浮动汇率制度下一国可以自动调节贸易冲击，当一国贸易收支出现赤字时，本国货币汇率会自动下跌，汇率的下跌会使本国商品市场价格相对便宜，在国际市场上更有竞争力，从而有利于本国改善国际收支状况。其次，浮动汇率制度下，央行拥有独立的货币政策，可以在衰退时采取应对措施。当本国经济陷入衰退时，货币当局可以采取扩张性货币政策刺激经济增长；扩张性货币政策往往导致本国利率水平下降，从而有利于刺激投资，投资乘数会导致国民收入更高水平的增加。另外，扩张性货币政策带来的本币贬值有利于增加出口，进一步带动国内经济的增长。再次，浮动汇率有利于节省国际储备。在浮动汇率制度下，汇率随外汇市场的供求状况可以自发调整，政府没有义务将本国货币维持在某一既定水平，因此，政府可以保持较低的外汇储备水平。最后，浮动汇率制度下，政府保留了铸币税和最后贷款人能力。同时，避免了货币当局对汇率政策的滥用。例如，若一国存在大量进口需求，则故意高估本国货币汇率可以减少进口成本，从而通过汇率高估以达到增加进口的目的。

(三) 中间汇率制的运行机制及价值判断

典型的中间汇率制是欧洲货币体系曾经实行的"蛇形蠕动"机制。欧洲货币体系正式推出之前,欧共体各成员国在美国单方面宣布黄金与美元脱钩的背景下,创立了"蛇洞体制"。"蛇洞体制"表现为欧共体内部成员国之间汇率相对稳定,成员国货币汇率的波动幅度被限定在±1.125%之间,汇价波动幅度总宽度2.25%可以视为"蛇"的宽度。而欧共体内部成员国货币对美元集体浮动,这一浮动的波动幅度根据《史密森协定》限定在±2.25%之间,"史密森协定"限定的汇率波动幅度宽度为4.5%,这一幅度可以视为"蛇"蠕动的"洞"。"蛇洞体制"的创建兼顾了固定汇率制度与浮动汇率制度的优点,使欧共体成员国货币既保持了相对的稳定,又保持了一定的灵活性,一定程度上促进了欧共体内部生产要素的流动,有利于欧共体贸易、经济一体化程度的提升。

随着布雷顿森林体系的彻底瓦解,1973年以后,欧共体曾经实行的"蛇洞体制"的"蛇洞"不复存在。随着欧洲货币体系的正式建立,人为创造的"货币篮"——欧洲货币单位成为客观上各成员国均可接受的计价单位,欧洲货币单位也成为成员国中心汇率的计算标准。

总而言之,国际汇率体系在固定汇率制与浮动汇率制之间的循环往复体现了国际社会对"合理"汇率制度的不断探寻。以往国际汇率体系寻找货币锚均由发达国家主导(如英国、美国),而与新的世界经济格局相适应、以新兴市场为代表的发展中国家开始探讨国际汇率体系改革的方向和途径,新兴市场参与全球货币体系的重新寻锚并共同改进全球货币体系治理的方式,是影响未来国际汇率体系变革的重要因素之一。

第三节 国际金融合作变革的历史分析

对国际金融合作变革的历史分析将从两个层面展开。一是对国际货币体系各阶段的国际金融合作的历史进行描述;二是从历史维度辨析国际金融合作形式的变革。

一、国际货币体系各阶段国际金融合作的历史描述

(一) 金本位时期的国际金融合作

事实上,古典金币本位时期并不存在一般意义上的国际金融合作,更没有明确的国际金融合作理论。这一时期尚不存在国际性的金融机构发挥监督和协调各国金融合作的职能,国际金融合作呈现出分散、不自觉的特征。

但是,金本位体系中心国家的国际合作在一定程度上支持了国际金本位制的稳定运行。在金本位制下,即使各国政府赋予了其货币兑换黄金的优先权,但是一旦出现兑换危机,势必会威胁整个系统的稳定运行。而那个时期,政府间的国际合作成为一种体制性的保障机制。任何国家的黄金平价受到攻击时,可以利用的资源都不仅限于本国的黄金和外汇储备,还包括可以从其他国家借入的储备。1890年,英格兰银行遭遇巴林危机①,法兰西银行借出300万英镑黄金,俄罗斯借出150万英镑金币帮助英格兰渡过危机。1893年,欧洲中央银行联盟资助美国财政部保卫美国的金本位。1898年,德国国家银行和商业银行得到了英格兰银行和法兰西银行的援助等。可见,政府间的国际金融合作是国际金本位制在遭遇危机时的重要保障。

第一次世界大战以后,在进入金汇兑本位制之前,各国为了实现金本位的恢复,于20世纪20年代召开了一系列的国际会议,其中最重要的是1922年召开的日内瓦会议。由于黄金储备的缺乏及分布不平衡,会议建议各国央行不受限制(不受黄金储备的限制)地持有外汇储备,从而为金本位的复归奠定了基础,从而造就了不完全的金汇兑本位制。国际会议的另一个重要议题就是开展国际合作,避免各国央行非合作性地提高利率和贴现率,以吸引黄金流入,维持黄金储备的分布均衡。但是随着金本位制的恢复,各国利益集团以自身利益为基准,如法国官方认为,"英国日内瓦建议让金汇兑本位制度化是英国耍的一个花招,要以巴黎为代价来巩固伦敦金融中心的地位"[130],故在法郎低估的背景下,采取措施使黄金大量流入。而德国为了平复超级通

---

① 巴林危机是指1890年英国主要的商人银行——巴林银行,因为贷给阿根廷政府的贷款产生了大量的坏账,从而导致人们挤兑存款,存款挤兑之后,人们为了确保资产的保值要求英格兰银行兑付黄金,从而产生连锁反应,导致英格兰银行的黄金储备遭遇危机。

货膨胀,德国银行把利率保持在比其他金本位国家更高的水平,导致资本源源流入。法国和德国大量吸收黄金,动摇了其他国家的储备基础,英格兰银行不断地"在痛苦中挣扎",其他银行被迫提高利率和紧缩信贷,国际合作的基础荡然无存。

(二) 布雷顿森林体系时期的国际金融合作

当国际货币体系进入布雷顿森林体系时期以后,这一时期的国际金融合作呈现出以下鲜明特征:

1. 统一的国际货币合作

事实上,布雷顿森林体系本身即是建立在国际金融合作的基础之上,各国针对国际储备、汇率制度等展开一系列协商与合作。此时的国际货币合作有共同承认的行为准则——布雷顿森林协议作为基础,协定的形式较为固定,但灵活性较弱。

2. 建立起全球性国际金融合作组织

国际货币基金组织(IMF)的成立标志着世界上成员最多、范围最广、影响最大的全球性国际金融合作组织的建立,布雷顿森林体系时期的国际金融合作大多是在国际货币基金组织的框架下进行的,机构性货币合作是这一时期的最典型特征。国际货币基金协定宗旨的第一条即为"促进国际货币合作"。国际货币基金组织成立以后,为了应对 20 世纪 60 年代美国国际收支恶化导致的美元危机,由国际货币基金组织牵头策划了一系列国际合作,主要包括达成"君子协定"、签署《巴塞尔协议》、"黄金总库"① 的建立及运行、发达国家做出"借款总安排"②,向国际货币基金组织提供备用信贷,以增加融资能力,签订"互惠贷款协定",设立特别提款权"SDRs"③ 等[131]。另

---

① 黄金总库是 1961 年 11 月由美、英、法、荷、比、意、德和瑞士 8 个国家提供的,总计 207 亿美元的黄金,建立"黄金总库",由英格兰银行在伦敦市场上买黄金,以稳定市场金价,保证美元与黄金比价的稳定。但是在 1968 年第二次美元危机时,无力维持,英国关闭伦敦黄金市场,"黄金总库"宣布解散。

② "借款总安排"是 1961 年 11 月由美、英、法、德、意、荷、比、瑞典、日、加拿大 10 个发达国家做出,宗旨是帮助 IMF 在缺乏资金的情况下,可以从普通基金定额意外获得贷款,来满足总安排参加国的借款需求,瑞士于 1964 年成为联系成员国,出资 2 亿美元。初期基金总额为 60 亿美元。

③ "特别提款权"是 IMF 创立的一种账面资产,意在增加 IMF 的融资能力,允许国际货币基金组织向其成员提供超过缴纳的黄金和货币的信用贷款。

外，国际复兴开发银行的成立旨在为成员国提供长期信贷，以支持第二次世界大战后各国经济重建，促进世界经济的复苏与发展。

3. 国际货币合作的范围主要集中在汇率方面

布雷顿森林体系下的国际金融合作主要体现在货币汇率方面各国的政策协调。在布雷顿森林协议的框架下成立国际货币基金组织，以针对国际货币事务进行广泛磋商，为成员国提供融资支持。各国货币与美元挂钩、美元与黄金直接挂钩，实行可调整的固定汇率制度。另外，取消经常账户对外汇交易的管制等。汇率方面的合作使全球范围内的固定汇率体系得以建立，在一定时期内促进了国际金融的稳定发展，为国际贸易的发展与世界经济增长提供了有利条件。

(三) 20 世纪 90 年代以后的国际金融合作

20 世纪 90 年代以后，在已有全球性金融合作的基础上，区域性金融合作取得巨大进展。

以欧元为例，欧元的成功发行意味着国际金融合作理论在实践中的成功。最初的欧洲货币体系成立于 20 世纪 70 年代末，当时在德国总理和法国总体的倡议下，欧洲经济共同体的 8 个成员国建立了欧洲货币体系（European Monetary System，EMS）。欧洲货币体系下，各国货币汇率相对稳定，而对外共同对美元浮动。同时，内部汇率也在进行不间断调整，以保证"蛇形蠕动"机制得以延续。1986 年 2 月，欧共体签署《单一欧洲文件》，提出建立统一欧洲市场的决议。1989 年 6 月，"德洛尔报告"通过，报告主张分三个阶段创建欧洲经货联盟：第一步，完全实现资本自由流通；第二步，建立欧洲货币局（欧洲中央银行的前身）；第三步，建立和实施经货联盟，以单一货币取代成员国货币。1998 年欧洲中央银行（European Central Bank）成立。1998 年 5 月，布鲁塞尔首脑会议正式排定欧元 11 个创始国名单。1999 年 1 月 1 日，欧元在欧盟各成员国范围内正式发行，欧盟根据《马斯特里赫条约》规定，欧元于 2002 年 1 月 1 日起正式流通。2002 年 1 月 4 日，欧元在国际金融市场正式登场。欧元作为具有独立性和法定货币地位的超国家性质的货币，是区域金融合作的典型案例。

以欧元的成功经验为契机，亚洲的区域性金融合作也取得重要进展。亚洲的金融合作缘起于亚洲金融危机，亚洲金融危机的迅速扩散唤起了亚洲各国对区域金融合作的关注。在亚洲建立起某种区域性防范和化解金融危机的机制可以作为 IMF 的有益补充。2000 年《清迈协议》的签订对于亚洲金融合作而言具有里程碑意义。且 2008 年的国际金融危机使清迈协议顺利升级为多边合作机制，2009 年 5 月，在印度尼西亚巴厘岛举行的东盟与中日韩财长会议公布了总值 1200 亿美元的区域外汇储备库计划。另外，东亚区域汇率协调与合作问题也于 2005 年的东盟 "10+3" 财长会议上被正式提出，强调有必要加强经济政策（包括汇率政策）的对话与协调[132]。

另外，新的国际金融机构陆续出现，如由七大工业国（美国、日本、德国、英国、法国、加拿大及意大利）于 1999 年 4 月成立的金融稳定论坛（Financial Stability Forum, FSF）、七国集团财长会议中 1999 年成立的二十国集团（G20）等。

二、国际金融合作形式变革的历史分析

国际金融合作形式从国际金融本位制开始，经历了三个典型的阶段。第一阶段体现为各国政府在国际金融组织（机构）缺位的情况下，各国政府或银行之间通过双边合作应对危机，国际金融合作缺乏全球层面的系统协调。

第二阶段的国际金融合作形式以布雷顿森林体系为基础，在全球性国际金融组织——国际货币基金组织和世界银行的框架下，各国展开国际金融合作，其他国际金融合作的渠道和手段不多。然而，此时的国际金融合作主要由西方发达国家，尤其是由美国主导，布雷顿森林协议规定了各国需要遵守的统一行为准则，但发展中国家缺少国际金融合作中的话语权。且布雷顿森林体系下的国际金融合作主要体现为汇率方面的政策协调，在应对系统性金融危机、跨境资本流动等方面缺少监管规则。

第三阶段是随着国际货币体系进入浮动汇率合法化的牙买加体系时代，跨境资本流动也日趋活跃。另外，20 世纪 80 年代起，日元进入国际化的推进阶段，到 20 世纪 90 年代末欧元正式出现在国际金融市场，国际货币体系呈现出多种国际货币相互竞争的多极化格局。国际金融合作的形式有如下特点：全球性金融合作进展有限，区域性金融合作迅速发展，且这一时期国际金融合作的理论也不断深化和丰富。另外，进入 21 世纪以来，随着中国经济的持续稳定增长和人民币的国际地位不断提升，新兴市场在国际金融合作中发挥

着越来越重要的作用，国际金融合作的领域和范围不断扩大，不再局限于汇率制度方面的国际协调，而是涉及国家经济发展的各个领域。以二十国集团为例，二十国集团从成立开始至今，议题越来越广泛，从最初探讨金融危机的起源，到2009年第二次峰会探讨国际货币基金组织增资和加强金融监管等议题，之后逐渐扩展到全球化挑战、全球金融安全网、增长与就业、强化国际金融体系、完善国际金融架构、鼓励可持续发展等内容。新兴市场与发达国家借助G20平台，针对国际货币金融领域内各个重要议题展开对话。未来国际金融合作的形式将会逐渐摒弃以往以发达国家为中心的世界分工和分配体系，共商、共建、共享的全球治理理念，推动国际货币体系向更加公平合理的方向发展。在意识形态方面，世界各国，尤其是不断崛起的发展中经济体，将不再以大国的零和博弈作为国际货币体系改革的内生动力，以全人类自由平等及其同舟共济的"人类命运共同体"的思潮将在国际货币体系改革中发挥越来越关键的作用。"人类命运共同体"的理论思想是中国为全球金融治理提供的最重要的公共产品之一。"人类命运共同体"体现了新时代中国特色社会主义开放的基本宗旨和智慧，对不同文明和谐共存的思考，其实施路径多种多样，最为突出的是"一带一路"倡议的提出与落实，不断推进公正合理的国际金融新秩序逐步形成。近年来，随着人民币国际化的不断推进，中国将在国际货币体系改革进程中发挥越来越突出的作用，以中国为代表的发展中国家将从原有的国际货币体系的制度遵从者转变为制度制定（参与）者。这也意味着未来的国际货币体系将不再是大国博弈的政治工具，而是真正意义上的人类命运共同体的重要组成部分。

本章小结

研究国际体系演变的历史是为了更好地发现其演进过程中的规律性，以便推动现行国际货币体系的改革。由上文的分析可以看出，国际货币体系的发展是一个历史进程。因此，无论是当前的状态还是未来的演进秩序，如果没有充分了解其历史，则不能正确地把握其未来的发展方向。

通过对历史的回顾，可以看到，在国际储备货币方面，国际储备货币经历了从"黄金—英镑本位""黄金—美元本位"到"美元本位"（纯粹信用货币）的转变；在汇率安排方面，大体来看是从固定汇率制度（金本位制时期），向盯住汇率制度（金汇兑制时期和布雷顿森林体系时期），再到浮动汇率制度的转变；而国际金融合作的形式则经历了全球统一的国际货币合作规则，到区域性货币金融合作。

本位货币的转换从根本上来说是黄金储量的有限性和世界经济发展规模无限性的矛盾运动的必然。汇率安排的转变则是在经济关系的政治化过程中资本管制等措施越来越困难的必然结果[133]，20世纪以来，货币与财政政策的制定越来越政治化，资本管制应运而生，对资本流动的限制取代了对民主的限制，然而，国际经济的复兴、新市场和交易技术的发展却削弱了管制的有效性，高流动性的国际金融市场交易量大大增加，官方储备持有量充足性备受考验，政府不肯以牺牲其他目标来换取汇率的稳定，浮动汇率成为必然（巴里·艾肯格林，2009）[134]。未来，国际汇率体系改革中，以新兴市场为代表的发展中国家将更多地参与其中，与发达国家一起共同探索国际汇率体系改革的方向和途径。国际金融合作形式则经历了国际金融组织（机构）缺位下的双边合作、国际金融组织成立以后的全球金融合作再到区域性金融合作的变革，未来国际金融合作的形式将更多体现世界分工和分配体系的特有特征。

第三章
现行国际货币体系的可持续性分析

现行的国际货币体系仍然是美元主导的国际货币体系,尽管2008年的国际金融危机让美元的国际货币地位备受质疑,但受到欧债危机以及英国"脱欧"事件的影响,欧元和英镑等主要国际货币也相继出现危机。笔者认为,现行的国际货币体系尽管存在诸多弊端,但在短期乃至中期,现有格局仍将得以维持。本章将从两个维度、四个方面探讨现行国际货币体系可持续的合理性。第一个维度主要针对美国公共债务状况展开分析,尤其着重探讨美国公共债务的可持续性,这是由于美国公共债务的可持续性关乎美元国际货币地位的稳定性;第二个维度根据美元充当国际货币的三个职能分别探讨美元作为国际储备货币、国际结算货币以及国际计价货币的可持续性。

第一节 美国公共债务的可持续性

随着世界经济缓慢复苏,攀升的政府债务问题正困扰着美国、日本以及欧洲多个国家,作为最主要的国际货币发行国,美国的政府债务[①]问题尤为引人关注。美元的国际货币地位很可能由于其日益增长的债务而遭受质疑和挑战。

---

① 本书涉及的美国政府债务为总的联邦政府债务(Gross Federal Debt),其中包括由公众持有的部分(Held by the Public)以及联邦政府债务(Held by Federal Government Accounts)。

美国政府债务占GDP的比重在2008年国际金融危机以后,一度攀升至2011年的90.03%,2018年更是达到了98.99%(见图3-1)。美国政府的公共债务中,很大比例为公众所持有,这其中又包括为外国投资者所持有。以2017年为例,根据美国财政部国际资本系统(Treasury International Capital System,TIC)提供的数据,外国投资者持有美国证券的数额约为184115亿美元;其中,长期国债约为54676亿美元,长期机构债9802亿美元;短期国债6777亿美元,短期机构债167亿美元①,外国投资者持有的美国国债总规模占其持有美国证券总规模的33.38%。同年,美国政府的公共债务规模为190602亿美元,数额上超过了外国投资者持有的美国证券总规模。另外,根据美国证券业及金融市场协会(Securities Industry and Financial Markets Association,SIFMA)网站公布的2017年第一季度末美国国债持有者结构的分布状况,持有份额最多的仍然是外国投资者,占比达39%②。因此,美国公共债务的可持续性问题不仅关乎美国投资者,而且将在很大程度上影响外国投资者,这与美元国际货币的地位具有密切关联③。

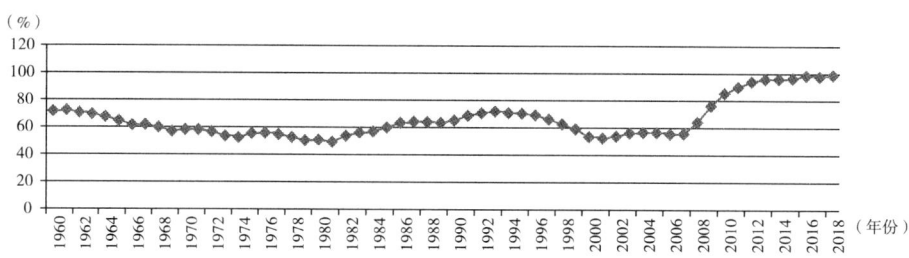

图3-1 1960~2018年美国政府债务占GDP比率

资料来源:笔者根据Wind数据库发布的数据整理计算得到。

---

① 相关数据参见美国财政部网站,https://www.treasury.gov/resource-center/data-chart-center/tic/Pages/fpis.aspx。

② 转引自搜狐财经,"美国国债持有者结构分析",2017年9月22日,http://www.sohu.com/a/193829113_475968。

③ 有学者探讨美国对外债务的可持续性与美元基础货币地位可持续性之间的关系,如李晓、周学智(2012)、竹中正治(2011)等。正如李晓、周学智(2012)所言,"美国可以凭借美元地位、拥有广度和深度发达的金融市场……调节国际投资头寸",因此,笔者认为,相对于其对外债务,美国可能更加重视其庞大的公共债务问题。处理好公共债务问题,既有利于稳定美国经济,也有利于巩固其在国际货币体系中的地位。

2008年，国际金融危机爆发以来，美国公共债务上限不断上调，这种调整是否纵容了政府公共债务的增长从而在未来导致债务危机的出现？美国政府公共债务的可持续性如何？

一、政府公共债务可持续性的定义及已有相关研究

对于债务可持续性的定义，学术界尚未形成统一的观点。IMF（2011）指出，如果任何现实可行的财政政策调整都无法扭转政府债务违约的发生，则该国财政政策和公共债务都将是不可持续的。同时，IMF发布的债务可持续性分析报告（Debt Sustainability Analysis，DSA）指出，基于各种现实情况的不确定性，可持续性的衡量面临固有的挑战。Wyplosz（2011）认为，同物价稳定和充分就业一样，债务可持续也是重要的政策目标之一。虽然对物价稳定和充分就业给出明确定义也存在困难，但这两个指标可以以一定的精度进行衡量，然而衡量债务可持续却是一项不可能完成的任务[135]。

尽管如此，学术界仍尝试从不同角度探索债务可持续问题。对于此问题做出开创性贡献的是Barro（1979[136]，1986[137]）的税收平滑模型，后来的学者多数是在Barro建立的理论基础上进行后续研究。根据税收平滑理论，如果债务占GDP的比例呈现出均值复归（mean-reverting）的特征，而不是持续性上升，则公共债务将满足可持续的基本要求。关于公共债务可持续的代表性研究主要包括以下几种：

（一）比率法

比率法也可以称为特定参考值法，通常，给定一国财政赤字占GDP之比与政府债务占GDP之比的参考值。例如，欧盟各成员国的政府债务占GDP比率不得高于60%①。显然，比率法的优点是简单易行，但缺点亦十分明显，适用于欧盟各成员国的债务水平阈值未必适用于其他国家，即该方法忽略了是否为储备货币发行国、是否具备独立货币政策制定权、政治和社会是否稳定等其他因素。

---

① 这是《马斯特里赫特条约》对欧盟成员国财政政策制定的基本规则。

(二) 定性分析法

还有学者采用定性分析的方法研究政府债务可持续性问题。Arjan Lejour、Lukkezen 和 Veenendaal（2011）通过总结现有文献，整理出衡量政府债务可持续性的四个指标[138]。定性分析法存在的主要问题是多个指标可能给出相悖的结论，这将导致无法确定性回答债务是否可持续[139]。

(三) 实证分析法

债务可持续性的实证研究包括对债务序列进行平稳性检验，如果债务序列平稳，则认为债务可持续。Hamilton 和 Flavin（1986）用现值约束法对美国1960~1984 年基本盈余序列和债务序列进行平稳性检验，检验结果支持美国财政政策具有可持续性[140]。Wilcox（1989）修正了 Hamilton 和 Flavin 采用公共债务平均利率（常数折现利率）的假定，运用每年的实际利率检验了折现债务序列，发现其为非平稳序列，进而得出美国公共债务不可持续的结论[141]。然而，若仅考虑债务序列本身的平稳性，则明显忽略了债务与其他变量之间可能的相互影响关系，倘若债务量的变化与财政收入或政府预算盈余的变化是相当的，则意味着政府已经充分考虑了可能的债务膨胀，则债务应该是可持续的。协整检验方法的发展使从新的角度分析公共债务可持续性成为可能。

根据协整理论的思想，单个变量可能表现出大幅度波动，即非平稳序列。但多个变量若存在协整关系，则变量的线性组合可以呈现为平稳序列。对于公共债务持续性的协整检验主要分为两类[142]：第一类是检验财政收入序列和包含利息支付的财政支出序列是否存在协整关系（Martin，2000[143]；Hakkio and Rush，1991[144]）；第二类是检验基本盈余序列和债务序列的协整关系（Haug，1991[145]；Macdonald，1992[146]）。对于协整检验，也有学者提出质疑，Bohn（2007）提出，只要满足一定条件，不需要公共债务序列、财政收入和含利息财政支出序列满足协整关系，就可以得出财政政策满足跨期预算约束条件的结论[147]。Bohn（1998）采用非线性方程构建了财政反应函数，加入临时性政府支出和经济波动性指标作为控制变量，考察财政赤字与公共债务之间的关系，并得出美国政府债务可持续的结论。财政反应函数的分析框架是探讨债务可持续问题的主流分析框架[148]。

已有从线性模型发展到非线性模型、非参数和半参数模型[149]关于政府债务可持续性问题的实证分析。从计量理论看，考虑可能的结构变化对于时间序列模型的有效性十分重要。另外，从美国财政赤字发展的历程看，财政赤字与财政盈余交替出现。同时，美国在不同的政治周期内也存在财政政策的明显变化。因此，针对美国政府债务的分析，使用传统的线性协整模型显然是不科学的，有必要考虑可能存在的结构变化问题。已有考虑结构变化的研究方法包括 Chow 检验（Quintos，1995）[150]，BP 检验（Bajo-Rubio et al.，2008）[151]等，得出的结构断点位置不尽相同。门限协整模型可以分析不同区制内变量趋向其均衡具有不同调整系数的问题，使该方法可以一定程度上提高模型估计的准确性，本书的创新之处也体现于此。

本书在 Bohn（1998）构建的财政反应函数分析框架下，结合税收平滑理论（Tax-Smoothing Model of Deficits，Robert J. Barro，1986），应用自回归分布滞后模型（Autoregressive Distributed Lag Model，ADL 模型），运用 Li 和 Lee（2010）[152]给出的两种检验门限协整的方法，分析公共债务规模、预期通货膨胀率、政府临时性支出等因素对美国基本预算盈余/赤字的影响机制，即估计美国财政反应函数，预测美国公共债务是否会出现爆炸性增长进而不可持续。

二、美国公共债务可持续的实证分析

（一）实证模型的设定及变量定义

财政反应函数的基本思想是，如果财政盈余/赤字对公共债务做出积极（正向）反应，则公共债务是可持续的。为分离其他可能影响财政盈余/赤字的因素，需要在财政反应函数中加入必要的控制变量。同大多数文献的处理方式一样，本书选取经济波动指标和临时性政府支出作为控制变量，构建的财政反应函数如式（3-1）所示：

$$s_t = \alpha_0 d_t + \alpha_1 \pi_t^e + \alpha_2 YVAR_t + \alpha_3 GVAR_t + u_t \qquad (3-1)$$

这里，s_t 为基本预算盈余（负值则表示预算赤字）占 GDP 的比，d_t 为政府公共债务与 GDP 比值。s_t，d_t 数据来自美国政府预算报告（Budget of the U.S. Government，Historical Tables，Fiscal year 2015）。

π_t^e：预期通货膨胀率，该变量的产生机制如式（3-2）所示①：

$$\pi_t = b_0 + b_1 \pi_{t-1} + b_2 \pi_{t-2} + b_3 \mu_{t-1} + \varepsilon_t \qquad (3-2)$$

其中，π_{t-1}、π_{t-2}为滞后一期和滞后两期的通货膨胀率，本书采用 GDP 链式价格指数衡量通货膨胀率，数据来自 2015 财政年度美国政府预算报告；μ_{t-1}为 $t-1$ 时期货币供应量 M1 的增长率，数据来自 IFS、美联储网站；

YVAR：$YVAP_t \equiv (1 - y_t/y_t^*)(g_t^*/y_t)$，其中，$g_t^*$为趋势性实际政府支出，$y_t$为实际应税收入②，$y_t^*$为趋势性实际产出。YVAR 为商业周期指标（business cycle indicator），对于 YVAR 中短期产出缺口 $(1-y/y^*)$ 的衡量本书拟采用奥肯定律（Okun's Law）做出估计，如式（3-3）所示：

$$1 - y/y^* = \lambda(U_t - 0.057) \qquad (3-3)$$

其中，0.057 为样本期内失业率的中位数（median），λ为奥肯定律的系数（在 2 与 3 之间③），失业率数据来自美国劳工统计局（U.S. Bureau of Labor Statistics）。

GVAR：$GVAR_t \equiv (g_t - g_t^*)/y_t$，$gt$为实际政府支出，$(gt - gt^*)$则为临时性政府支出，为估计出趋势性政府支出 gt^*，考虑将当期总体税率（current overall tax rate）作为趋势性政府支出占（实际）GNP④比率的近似值（Benjamin and Kochin，1978）[153]，进而间接计算出 gt^*。本书对总体税率的计算方法为税收收入与 GNP 的比值，因此，趋势性政府支出 gt^*用实际税收收入的值代替⑤；税收收入数据来自美国国家税务局网站。

鉴于美国公共债务上限调整主要从 1960 年开始，且可获得的最早的 M1 数据为 1959 年，因此本书实证分析中所有变量的时间范围为 1959~2013 年。

---

① 加入更多的通货膨胀率的滞后期以及利率等变量并不能增加对通货膨胀的解释能力，因此，本文选择式（3-2）的形式。

② 这里采取实际 GNP 作为实际应税收入的度量，与 Barro（1986）的理论模型保持一致。

③ 本书取 2。

④ 美国未遵循联合国 SNA 建议将国民生产总值（GNP）改称为国民总收入（GNI），本书 2010 年（包括 2010 年）以前的 GNP 数据来自 IFS，2011~2013 年 GNP 数据根据美国 BEA 公布的相应年度实际 GNP 增长率逐年推算获得。

⑤ 基于税收理论中的自动稳定器原理，采用（实际）税收收入作为衡量政府趋势性支出（政府"永久"支出）的指标具备合理性。首先，税收政策稳定的情况下，税收收入具有明显的顺周期特征。其次，政府的趋势性支出受税收收入的限制，往往也表现出顺周期性（Ernesto Talvi，Carlos A. Vegh，2005）。政府的逆周期支出可以看作应对经济周期性波动的临时性政府支出。

(二) 自回归分布滞后模型的设定和估计

对实证模型（3-4），本书采用自回归分布滞后模型进行估计，相应的估计方程如式（3-4）所示：

$$\Delta y_t = \beta_0 + \beta_1 z_{t-1} I_{1t} + \beta_2 z_{t-1} I_{2t} + \theta q_t + u_t$$
$$u_t \sim iid(0, E u_t u'_t) \quad (3-4)$$

其中，$z_t = (y_t, x1_t, x2_t, x3_t, x4_t,)'$，这里的 y 和 $xi(i=1,2,3,4)$ 分别对应式（3-1）中的被解释变量和四个解释变量；1 和 2 是 1×5 维参数向量，$q_t = (x1_t, x2_t, x3_t, x4_t, \Delta z_{t-1}', \cdots, \Delta z_{t-p}')'$；$I_{1t}$，$I_{2t}$ 为构造的示性函数；p 是回归变量滞后项的最大滞后阶数，加入回归变量滞后项可以消除模型误差项可能存在的自相关。是 1×(5p+4) 维参数向量。$b_i(i=1,2)$ 用来测量回归变量向长期均衡调整的速度，在模型中是由所在区间的 I_{it}（$i=1, 2$）决定。

为估计和检验模型（3-4），首先对模型（3-4）的残差序列 $\hat{\varepsilon}_t$ 按升序排列得到 $\hat{\varepsilon}_{t-1}^*$，同时构造示性函数 I_{1t}、I_{2t} 以反映非对称调整过程，使用适用于非平稳门限变量的示性函数（Seo，2006）[154]，设定门限值 $\hat{\varepsilon}_{t-1}^*(\tau)$ 为 $\hat{\varepsilon}_{t-1}^*$ 的第 τ 分位数（$\tau \in [0.15, 0.85]$）。本书在原假设为 $H_0: \beta_1 = 0, \beta_2 = 0$ 的基础上，结合 Li 和 Lee（2010）给出的检验门限协整的方法构造了 BO—Stat 检验统计量获得门限值①。

(三) 门限协整（Threshold Cointegration）的估计结果

为使回归结果更具稳健性，在实证检验之前，需要判断模型是否包含时间趋势项。本书采用 Perron 和 Yabu（2009）提出的拟可行广义最小二乘法（Feasible Quasi Generalized Least Squares method）检验趋势项的系数是否显著[155]。

模型估计形式为：

$$y_t = \alpha_0 + \alpha_1^* T + v_t \quad v_t = \alpha^* v_{t-1} + A(L)(v_{t-1} - v_{t-2}) + e_t \quad (3-5)$$

模型估计结果如下②：

$$y_t = -0.3608 + 0.0608^* T + v_t$$
$$(0.2486)(0.0345) \quad (3-6)$$

---

① 限于篇幅，模型中涉及统计量的具体构造过程未列于文中。
② 括号内是标准差。

在上述模型估计中,AIC 确定滞后长度为 8,加权对称最小二乘估计量为 -0.3099,上偏估计量为 1.0,超有效估计量为 1.0,确定性趋势 α_1 的 t 检验统计量为 1.7628,α_1 的置信区间为:$0.0039 < \alpha_1 < 0.1177$ (90%)、$-0.0068 < \alpha_1 < 0.1284$ (95%)、$-0.0278 < \alpha_1 < 0.1494$ (99%)。

根据检验结果,Δy_t 的 t 检验统计量为 1.7628,意味着接受原假设(原假设为确定性趋势 $\alpha_1 = 0$)。因此,在对模型(3-4)进行估计时不需要包含时间趋势项。

进一步,需要确定模型的滞后阶数 p。本书通过变量的序列相关图来选择滞后阶数,Δy_t 的序列相关图结果表明,Δy_t 序列的自相关系数和偏相关系数均不显著,这意味着在模型(3-4)中无须考虑被解释变量滞后项以消除自相关的影响,即令 $p=0$。

最后,在前述检验结果的基础上,构建协整关系模型①

$$y = 0.0153x1 - 1.0669x2 - 5.2011x3 - 83.4397x4 + 7.3233 \\ (0.0090)(0.5679)(2.8895)(41.7198)(5.6672) \quad (3-7)$$

门限协整检验统计量 BO stat $= 41.7295^{***}$,$e^*(\tau) = -0.2132$,$\tau = 0.3962$,临界值为 28.97(10%)、31.58(5%)、37.36(1%)。调整系数如表 3-1 所示。

表 3-1 门限协整检验的调整系数

	β_{11}	β_{12}	β_{13}	β_{14}	β_{15}
区间 1	-0.4736^{**}	0.0295^{***}	-2.2600^{**}	-13.4837^{***}	-17.4630^{**}
	β_{21}	β_{22}	β_{23}	β_{24}	β_{25}
区间 2	-0.3394^{***}	0.0101^{**}	-0.8296^{**}	-15.7735^{**}	-13.2219^{*}

注:*** 代表在 1% 水平上显著,** 代表在 5% 水平上显著,* 代表在 10% 水平上显著;调整系数 β 依次代表的含义为:政府基本预算盈余/赤字调整系数、公共债务调整系数、预期通货膨胀调整系数、商业周期调整系数、政府临时性支出调整系数。估计结果使用了 Matlab 软件。

实证结果表明:在 1% 的显著性水平下,拒绝原假设。也就是说,政府基本预算盈余/赤字规模、政府公共债务、预期通货膨胀、商业周期指标及政府临时性支出等变量之间存在门限协整关系,协整向量为 [1, -0.0153, 1.0669, 5.2011, 83.4397, -7.3233]。

---

① 括号内是标准差,*** 代表在 1% 的显著性水平下显著;临界值来自 Li 和 Lee(2010)。

从长期来看，政府基本预算盈余/赤字规模与政府公共债务规模呈正向关系（系数为 0.0153），与预期通货膨胀率、商业周期指标以及政府临时性支出负相关。这表明，美国政府预算充分考虑了商业周期、预期通货膨胀等因素外，对不断膨胀的公共债务采取了积极的、修正的财政政策。2008 年国际金融危机爆发以后，美国的基本预算赤字在 2009 年达到峰值（占 GDP 的 10.8%），但以后逐年下降，因此，模型结果与实际情况相符。

从短期看，政府公共债务规模与其他三个变量对政府基本预算盈余/赤字向长期均衡调整的作用方向相反，由于负号体现的是对政府基本预算盈余/赤字偏离其长期均衡的修正作用，因此，政府公共债务规模对政府基本预算盈余/赤字向其长期均衡调整过程中起到放大作用，其他三个变量具有修正作用。另外，政府基本预算盈余/赤字自身也发挥着调节作用，且在两个区间内都具有修正作用，调整系数分别为 0.4736 和 0.3394。

三、美国公共债务可持续的启示

对于美国政府公共债务及其可持续性问题，本章采用 Li 和 Lee 提出的自回归分布滞后模型检验门限协整的方法，对 1959~2013 年美国财政反应函数进行估计，发现政府预算盈余/赤字、公共债务规模、预期通货膨胀、商业周期指标等变量之间存在门限协整关系。结果表明，从长期来看，美国政府预算充分考虑了债务规模的膨胀以及商业周期等因素，这保障了公共债务呈现出向其均衡稳态回归的特征，不存在爆炸性增长的可能，保证了美国公共债务的可持续。短期内，公共债务规模对政府预算盈余/赤字向其长期均衡调整的影响是非线性和非对称的。

本书的实证结果与美国近年来不断降低预算赤字的现实状况比较吻合。美国财政部相关报告显示，自 2009 财年政府预算赤字与 GDP 占比达到历史峰值 9.2% 以后，预算赤字逐渐下降。2014 财年联邦政府预算赤字与 GDP 占比为 2.8%，低于过去 40 年的平均值。2015 财年美国联邦政府再次降低财政预算赤字，赤字规模为 4388.99 亿美元，占 GDP 比例为 2.5%，比 2014 财年（4833.61 亿美元）减少 445 亿美元[①]。然而，根据美国国会预算局公布的 2019~2029 年

---

① 资料来源：美国财政部网站，https://www.fiscal.treasury.gov/fsreports/rpt/mthTreasStmt/mts0915.pdf。

美国政府预算报告，2018财年美国联邦政府预算赤字再创历史新高，约为7790亿美元，占GDP的3.9%。如果美国当前的相关法律保持不变，则自2019年起，政府预算赤字会逐年增加，到2029年将达到GDP的4.1%~4.7%，其中，公共部门持有的债务规模也将达到93%①。尽管如此，美国爆发公共债务危机的可能性仍然较低。其中，最重要的原因在于美元的国际货币地位。美国不会放弃且会固守美元本位的国际货币体系，美元本位制是美国确保其头号超级大国地位的重要屏障。而这就要求美国审慎对待政府债务问题，不允许其公共债务呈现发散性增长。尽管美国数次提高债务上限，但债务上限的存在本身即表明美国严格的财政纪律。因此，尽管公共债务问题使国际社会对于美元的国际货币地位产生种种疑虑，但美国严格的财政纪律是保证美国经济以及美元国际货币地位的重要制度性保障。

第二节 美元作为主要国际储备货币的可持续性

对美元作为主要国际储备货币可持续性的考察将从历史的维度总结美元作为主要国际储备货币的发展过程，并运用相关模型探讨美元作为主要国际储备货币的可持续性。

一、美元成为主要国际储备货币的历史考察

正如笔者在第二章中所论述的，最新研究结果表明，美元在20世纪20年代中期已经取代英镑成为最主要的国际储备货币。由于各国央行通常仅仅公布其持有外汇储备的总量，而鲜少公布具体国别货币的储备数量。因此，对美元国际储备货币地位的历史考察将受到数据的限制，本书可以获取到的最早的美元国际储备数据始于1965年，1965年美元占各国官方储备比重为56.1%，英镑次之，占比为20%，其他国别货币占比均不足1%（Chinn and Frankel，2007）[156]。从1970年开始，可以收集到时间较为连续的外汇储备币

---

① 见 https://www.cbo.gov/publication/54918。

种结构数据（见表 3-2 和表 3-3）。

表 3-2　1970~1976 年 76 个国家持有外汇储备的币种结构

	1970 年	1971 年	1972 年	1973 年	1974 年	1975 年	1976 年
美元	81.5	78.4	81.7	79.7	80.7	80.2	80.8
德国马克	2.1	3.0	4.6	6.5	5.8	6.3	6.7
英镑	8.6	7.5	6.3	5.0	5.4	3.3	1.7
法国法郎	0.1	0.4	0.5	0.7	0.5	1.1	0.7
其他货币[a]	5.5	6.2	6.3	7.8	7.3	8.7	9.6
其他资产[b]	2.2	4.5	0.6	0.3	0.2	0.5	0.6
总计	100.0	100.0	100.0	100.0	100.0	100.0	100.0

注：a "其他货币" 主要包括瑞士法郎、日元和荷兰盾等；b "其他资产" 主要包括 20 世纪 60 年代美国向特定国家中央银行发行的以债务国货币计价的美国国库券。表 3-2 数据转引自 Heller and Knight（1978）。

尽管布雷顿森林体系瓦解源于数次美元危机且最终美元与黄金脱钩，但数据表明，各国并未放弃美元这一最主要的国际储备货币。Heller 和 Knight（1978）[157]的研究选取的 76 个国家在 1970 年持有的外汇储备量约为 350 亿美元，在 1976 年则达到 1160 亿美元，而根据国际货币基金组织国际金融统计（International Financial Statistics）的数据，全部成员国在 1970 年持有的外汇储备总量为 450 亿美元，1976 年则达到 1760 亿美元。因此，Heller 和 Knight（1978）的样本国家持有的外汇储备状况基本可以反映全部成员国持有外汇储备的状况。表 3-2 的数据显示，1970~1976 年，美元是最主要的国际储备货币，其占外汇储备的比重达到 80%。而在古典金本位时期占主导地位的英镑，在 1970~1976 年其占各国外汇储备的占比逐年下降，到 1976 年下降至不足 2%。

表 3-3　1970~1984 年各主要货币占各国官方持有外汇储备的比重　　单位：%

	1970 年	1972 年	1976 年	1980 年	1982 年	1983 年	1984 年
美元	77.2	78.6	76.6	67.2	68.4	68.5	65.8
德国马克	1.9	4.6	8.8	14.8	12.4	11.2	12.1
日元	—	0.1	2.1	4.3	4.6	4.7	5.4
瑞士法郎	0.7	1.0	2.2	3.2	2.7	2.3	2.0
英镑	10.4	7.1	1.9	2.9	2.4	2.6	2.8

续表

	1970年	1972年	1976年	1980年	1982年	1983年	1984年
法国法郎	1.1	0.9	1.6	1.7	1.3	1.1	1.0
其他货币	8.7	7.7	6.8	5.9	8.2	9.6	10.9
总计	100.0	100.0	100.0	100.0	100.0	100.0	100.0

资料来源：Akinari Horii（1986）进行的相关估计结果。

由于为数不少的 IMF 成员国不公布其外汇储备中各国际储备货币的占比，因此，学术界尝试各种方法估计主要货币占官方持有外汇储备的比重。Akinari Horii（1986）[158]的估计结果与 Heller 和 Knight（1978）的结果基本可以相互印证，但 Akinari Horii（1986）还提供了 1976 年以后直至 1984 年主要货币占各国官方持有外汇储备的情况（见表 3-3）。尽管 20 世纪 80 年代初与 1970 年相比，美元占比下降近 10%，但仍旧维持在 65% 以上。与英镑相比，英镑在 1976 年以后占各国官方外汇储备的占比始终不足 3%，与美元相比，英镑在发挥国际储备货币职能方面，已经远远落后于美元。即使是排名第二位的德国马克，其在各国外汇储备中的占比也不足美元地位的 1/5。布雷顿森林体系的瓦解并未影响美元的国际储备货币地位（见图 3-2）。

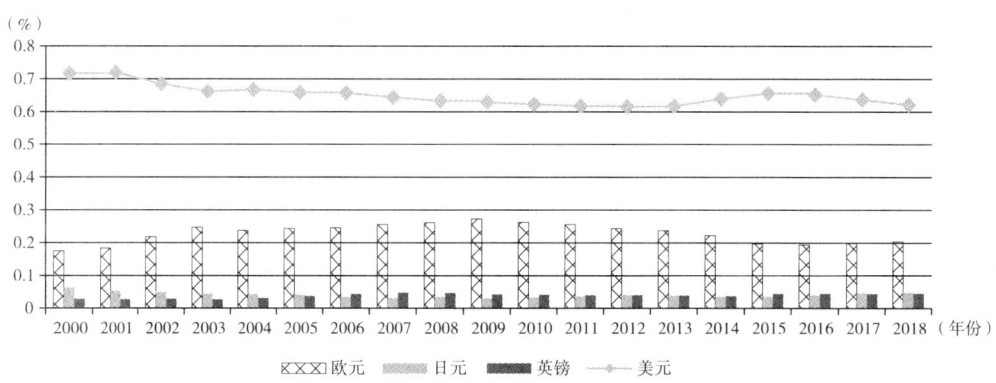

图 3-2 主要国际货币占官方已公布外汇储备比重

资料来源：国际货币基金组织公布的官方外汇储备比重结构报告（Curreny Composition of Official Foreign Exchange Reserves，COFER）。

无论是 20 世纪七八十年代，还是进入 21 世纪，美元在国际储备货币中的地位始终遥遥领先，2000~2018 年，美元占官方已公布外汇储备的占比始终高于60%（见图3-2）。长达近半个世纪的数据表明，美元始终是最主要的国际储备货币。

二、美元作为主要国际储备货币的可持续性分析

本节将从两个方面探讨美元作为主要国际储备货币的可持续性：布雷顿森林体系下美元国际储备的稳定性和现行国际货币体系下美元国际储备的可持续性。

（一）布雷顿森林体系下美元国际储备的稳定性

为分析美元与黄金挂钩情形下美元国际储备的稳定性，构建以下模型：设美元国际储备变化等于美国国际收支变化，如式（3-8）所示。

$$\frac{dR}{dt} = K \tag{3-8}$$

其中，K代表美国国际收支逆差，R代表美元国际储备。

令$r=R/G$代表美元国际储备与美国黄金储备G的比例。由式（3-8）可得，

$$\frac{\frac{dr}{dt}}{r} = \frac{d(R/G)/dt}{R/G} = \frac{dR/dt}{R} - \frac{dG/dt}{G} = \frac{K}{R} - \frac{dG/dt}{G} \tag{3-9}$$

这表明，美元国际储备增长率与美国黄金储备增长率之差，可以表示成美元国际储备与美国黄金储备之比的变化率。

设$k=K/G$，美国黄金储备增长率为g，由式（3-8）和式（3-9）可知，

$$\begin{aligned}\frac{\frac{dr}{dt}}{r} &= \frac{d(R/G)/dt}{R/G} = \frac{dR/dt}{R} - \frac{dG/dt}{G} \\ &= \frac{K}{R} - \frac{dG/dt}{G} \\ &= \frac{K/G}{R/G} - \frac{dG/dt}{G} \\ &= \frac{k}{r} - g\end{aligned} \tag{3-10}$$

这是一个一阶线性微分方程。由一阶线性微分方程的性质可知，存在唯一的定常态$=k/g$，通解为：

$$r = \bar{r} + C_1 e^{-gt} \tag{3-11}$$

其中，C_1 为常数。

决定式（3-11）动态方程稳定性的是美国所持黄金增长率，如果美国所持黄金增长率小于0，那么美国国际储备资产与美国所持黄金之比将趋于无穷大，从而不可持续（陈建奇，2015）[159]。

外国持有美元国际储备在本质上要求开展美元外汇储备投资，这在很大程度上进一步推动美元外汇储备不断上升，同时，美元国际储备与美国黄金储备的比例也将受到影响。

考虑如下两方面的美元储备变化：一是国际收支引起国际储备增加 K；二是美元国际储备投资收益 Ri（i 为美元收益率），则，

$$\frac{dR}{dt} = K + Ri \tag{3-12}$$

将式（3-12）代入式（3-9），可得，

$$\begin{aligned}\frac{\frac{dr}{dt}}{t} &= \frac{d(R/G)/dt}{R/G} = \frac{dR/dt}{R} - \frac{dG/dt}{G} \\ &= \frac{K}{R} + i - \frac{dG/dt}{G} \\ &= \frac{K/G}{R/G} + i - \frac{dG/dt}{G} \\ &= \frac{k}{r} - g + i\end{aligned} \tag{3-13}$$

式（3-13）是一阶线性微分方程，存在定常状态 $=k/(g-i)$，通解为：

$$r = \frac{k}{g-i} + C_2 e^{-(g-i)t} \tag{3-14}$$

其中，C_2 为常数。

如果美国黄金储备增长率与美元收益率之差小于零，那么美元国际储备与美国黄金储备之比将趋于无穷大，作为国际储备的美元也将丧失稳定性；一方面，美元收益率的上升还将增加美国的付息成本，从而降低其作为国际储备的稳定性；另一方面，当 $g-i \geq 0$ 时，尽管式（3-14）是稳定的，但美元收益率的上升将降低 r 的收敛速度，同时也将提高稳态水平 $k/(g-i)$（见图3-3）。

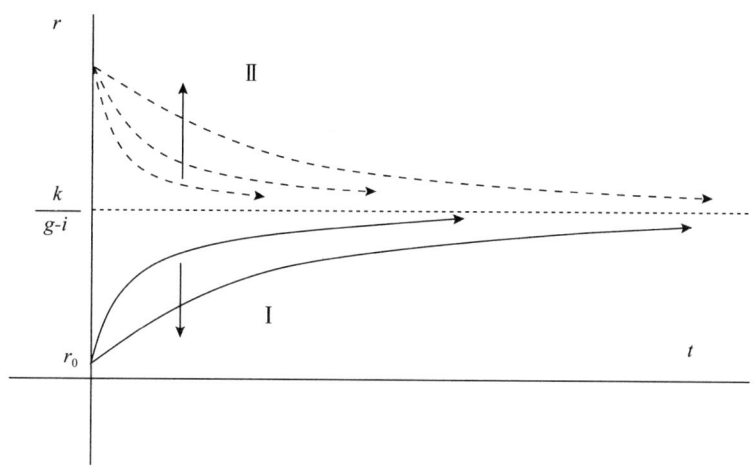

图 3-3 美元国际储备与美国黄金储备之比的动态路径

由此可知，如果美国黄金储备增长率大于或等于美元收益率，那么作为国际储备的美元具有内在稳定性。如果美国黄金储备增长率小于美元收益率，那么作为国际储备的美元具有不稳定性。事实表明，伴随美国从贸易顺差国转向贸易逆差国，美元资产输出的同时也伴随着美国黄金储备量的持续下降，美国黄金储备的增长率为负，显然低于美元收益率，因此，布雷顿森林体系下美元作为主要国际储备是不具备内在稳定性的，在该体系下美元的国际储备地位也必然不可持续。

（二）现行国际货币体系下美元作为主要国际储备货币的可持续性

不同于布雷顿森林体系下对美元国际储备与黄金储备比例关系的关注，现行国际货币体系下没有黄金约束，因此，美元储备的稳定性就转向美元与实体经济的偏离程度，具体而言也就是美元国际储备与美国 GDP 比重变化情况的关系。

美国通过国际收支逆差来向世界输出美元国际储备，令 $b=R/GDP$ 表示美元国际储备与 GDP 的比例。美元国际储备与 GDP 之比的变化率等于美元国际储备增长率与 GDP 增长率之差，如式（3-15）所示：

$$\frac{\mathrm{d}b}{\mathrm{d}t}/b = \frac{\mathrm{d}(R/GDP)/\mathrm{d}t}{R/GDP} = \frac{\mathrm{d}R/\mathrm{d}t}{R} - \frac{\mathrm{d}GDP/\mathrm{d}t}{GDP} \tag{3-15}$$

假设美国国际收支逆差与GDP之比为k，即$k=K/GDP$，产出增长率为n，如式（3-16）所示：

$$\frac{\mathrm{d}b}{b} = \frac{\mathrm{d}(R/GDP)/\mathrm{d}t}{R/GDP} = \frac{\mathrm{d}R/\mathrm{d}t}{R} - \frac{\mathrm{d}GDP/\mathrm{d}t}{GDP}$$

$$= \frac{K}{R} - \frac{\mathrm{d}GDP/\mathrm{d}t}{GDP} \quad (3\text{-}16)$$

$$= \frac{K/GDP}{R/GDP} - \frac{\mathrm{d}GDP/\mathrm{d}t}{GDP}$$

$$= \frac{k}{b} - n$$

由此可以得到$\mathrm{d}b/\mathrm{d}t = k - nb$，由该一阶差分方程的性质可知，存在定常状态$\bar{b} = k/n$，该方程的通解为：

$$b = \bar{b} + C_3 e^{-nt} \quad (3\text{-}17)$$

从通解的形式可以发现，若美元国际储备与GDP的比值等于美元储备与美国经济之比和美国经济增长率之积，那么，$k = nr$，即$\mathrm{d}b/\mathrm{d}t = 0$，这意味着美元储备与美国经济处于均衡状态。由此可知，$k = nr$为美元储备和美国经济的均衡条件（见图3-4）。

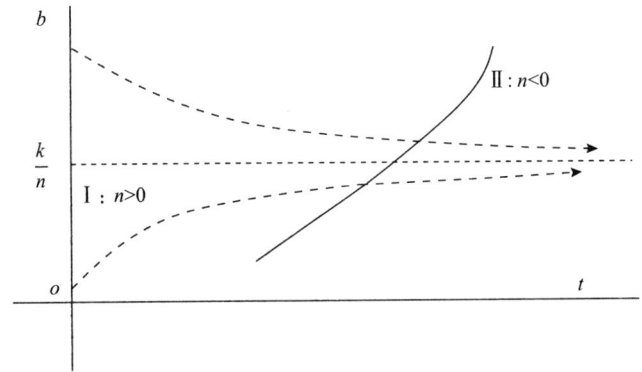

图3-4　美元国际储备与GDP之比动态演变

以上分析仅涵盖美国经济的情况对美元国际储备稳定性的影响。此外，其他国家持有美元储备进行外汇投资获取收益也对美元储备产生影响。基于此，考虑以下两种情况：第一，一般国际收支逆差引起的国际储备增加 K；第二，美元储备投资收益为 Ri（i 为美元收益率），如式（3-18）所示：

$$\frac{dR}{dt} = K + Ri \tag{3-18}$$

将式（3-18）代入式（3-16）可得，

$$\begin{aligned}\frac{db/dt}{b} &= \frac{d(R/GDP)/dt}{R/GDP} = \frac{dR/dt}{R} - \frac{d(GDP)/dt}{GDP} \\ &= \frac{K}{R} + i - \frac{d(GDP)/dt}{GDP} \\ &= \frac{K/GDP}{R/GDP} - \frac{d(GDP)/dt}{GDP} + i \\ &= \frac{k}{b} - n + i\end{aligned} \tag{3-19}$$

式（3-19）为一阶线性微分方程，存在定常状态 $\bar{b} = \frac{k}{n-i}$，方程的通解为：

$$b = \frac{k}{n-i} + C_4 e^{-(n-i)t} \tag{3-20}$$

其中，C_4 为常数。

如果美国的经济增长率与美元收益率之差小于0，那么美元储备与 GDP 之比将趋于无穷大，从而使美元储备不具稳定性，美元收益率的提高将使美元国际储备的付息成本增加，使美元储备不稳定。此外，当 $n - i \geqslant 0$ 时，方程（3-20）所代表的系统是稳定的，但美元收益率的增加将减缓美元储备的动态路径收敛速度，并将使稳态水平 $k/(n-i)$ 向上移动，如图3-5所示。以上即为不同情形下美元国际储备稳定性的条件。在当前的国际货币体系下，美元国际储备货币地位是基本稳定的，尤其在美国经济逐步复苏的背景下，美国的经济增长率逐渐提高，也使美元的国际储备货币地位得以巩固。但未来的长期内美元国际储备货币地位是否可持续，不仅与美国的经济增长率密切相关，还依赖于其他因素，如美元作为国际重要大宗商品的计价货币与结算货币的发展态势等。

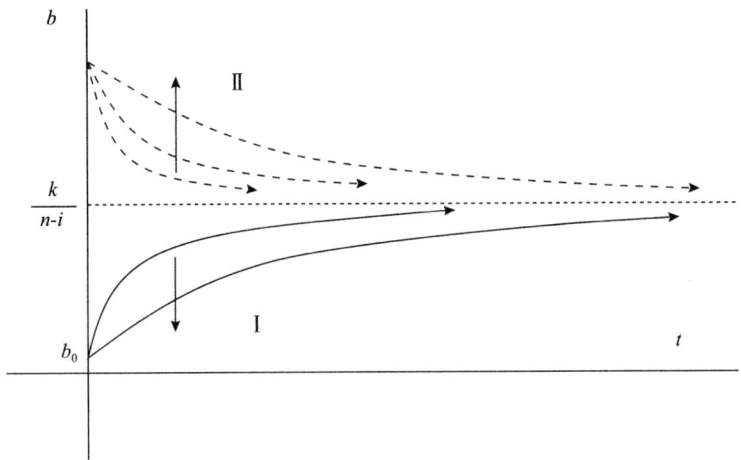

图 3-5 美元国际储备与美国 GDP 之比的动态路径

第三节 美元作为主要国际结算货币的可持续性

对美元作为主要国际结算货币可持续性的考察分为两部分，首先，回顾 20 世纪 70 年代至 2008 年全球金融危机之前美元作为主要国际结算货币的发展状况，进而从历史的角度辨析美元作为主要国际结算货币的可持续性。

一、美元成为主要国际结算货币的历史考察

对于国际结算货币的历史数据，1969 年之前，尽管国际货币基金组织已经开始着手统计相关数据，但并不存在可以公开获取的数据。大部分欧洲国家和日本直至 20 世纪 70 年代才开始统计结算货币的相关资料，而对于世界范围内其他国家则没有权威的相关统计信息可以获取（Page，1981）[160]。因此，本书对美元国际结算货币的历史考察将从 20 世纪 70 年代末开始。

从 20 世纪 70 年代末欧洲国家国际贸易结算货币的使用可以看出（见表 3-4），欧洲各国出口结算时本币使用的比重较高，美元与德国马克的使用比例也较高，出口结算使用美元比例最高的欧洲国家是意大利，约为 31.1%；英国出口主要

以英镑作为结算货币,但美元作为结算货币的比重也达到17%。此时期欧洲各国进口贸易的结算货币与出口贸易相比,美元的使用更为广泛,德国马克的使用比例也较高。以英国为例,英国在1979年进口贸易结算货币中英镑占比为38%,美元占比则达到29%。德国在欧洲经济体中的地位较为特殊,其出口和进口的结算货币均主要使用本币——德国马克,尤其是德国的出口贸易,其结算货币使用马克的比重达到82.3%;进口贸易中使用德国马克结算的比重为42.8%,使用美元结算的占比为33.1%。经济合作与发展组织(Organization for Economic Co-operation and Development,以下简称经合组织OECD)中其他欧洲国家进出口贸易结算主要使用美元,出口结算使用美元比重达到38%,进口结算使用美元比例为50%。

表3-4　20世纪70年代欧洲国家国际贸易结算货币使用情况　　单位:%

国家	年份	各国出口使用货币情况					各国进口使用货币情况				
		美元	德国马克	英镑	法国法郎	本币	美元	德国马克	英镑	法国法郎	本币
奥地利	1978	10.4	24.2	2.0	1.2	51.9	17.0	39.4	2.3	1.8	25.1
比利时	1979	12.5	17.9	2.6	13.0	42.2	23.4	18.3	4.9	10.5	28.4
丹麦	1979	16	12	8	1.3	51	27	17	5	1.9	27
芬兰	1977	27.2	9.4	9.9	2.8	2.4	56.1	9.7	6.2	1.0	2.7
法国	1979	11.6	10.2	3.2	62.4	62.4	28.71	14.1	3.8	35.8	35.8
德国	1980	7.2	82.3	1.5	2.8	82.3	33.1	42.8	3.1	3.3	42.8
爱尔兰	1981	21.9	1.5	40.0	0.0	23.5	10.5	3.8	53.4	1.4	26.9
意大利	1976	31.1	21.5	2.7	6.4	31.3	50.6	20.2	5.1	6.8	9.1
荷兰	1980	16.5	21.7	4.2	5.4	43.5	29.4	22.9	4.7	4.4	27.9
挪威	估计	28	9	22	1	—	30	12	12	3	—
瑞典	1973	14.1	4.8	4.6	0.7	67.4	20.0	19.7	10.3	2.1	25.7
瑞士	1977	7.1	7.8	—	1.2	82.8	27	24	5	6	38
英国	1979	17	3	76	2	76	29	9	38	5	38
其他OECD欧洲国家	估计	38	6	6	4	—	50	11	11	5	—

注:表3-4数据来自Page(1981)。

当关注欧洲以外的其他国家在20世纪70年代末国际贸易结算货币的实际情况时（见表3-5）可以发现，美国、加拿大、日本、澳大利亚、石油出口国、OECD中其他发达国家以及其他发展中国家在出口时均主要使用美元结算，尤其是石油出口国，美元作为结算货币的比例达到100%，即使是日本，其出口贸易结算货币中美元也占据61.5%的比例。这些国家在进口贸易结算时也均主要使用美元结算，尤其是加拿大和日本，两国进口贸易中使用美元结算的比重分别达到95%和93%。将世界所有经济体按照一定的权重进行加权平均计算后，20世纪70年代末，美元占各国出口结算货币的比重约为54.8%，占进口结算货币的比重为54.3%，排名第二的结算货币为德国马克，但其所占份额仅为美元所占份额的近1/4，美元是最主要的国际结算货币。

表3-5　20世纪70年代欧洲以外国家国际贸易结算货币使用情况　单位：%

国家	年份	各国出口使用货币情况					各国进口使用货币情况				
		美元	德国马克	英镑	法国法郎	本币	美元	德国马克	英镑	法国法郎	本币
加拿大	估计	85	0.2	1	0.1	—	95	1	2	1	—
美国	估计	98	1	1	—	98	85	4.1	1.5	1.0	85
日本	1980	61.5	1.9	0.9	0.3	32.7	93.0	2	2	1	2.0
澳大利亚	估计	70	1	1	1	—	52	14	9	4	—
石油出口国	估计	100	0	0	0	—	50	10	8	7	4
其他发展中国家	估计	85	0	15	0	—	72	7	4	6	—
其他OECD发达国家	估计	85	2	7	3	—	52	14	9	4	—
世界(1979)		—	54.8	14.4	7.5	6.1	54.3	13.9	6.9	6.4	—

注：表3-5数据来自Page（1981）。

事实上，在大宗商品进出口结算时，美元是最主要的国际结算货币。当对进出口商品的种类不加区分，仅仅关注各国进出口贸易总量中国际结算货币的使用情况时，直至21世纪美元仍然是最主要的国际结算货币(见表3-6)。以日本为例，在日本出口贸易中，美元作为结算货币的比重在1995年时为52.2%，2001年仍旧稳定在52.4%，而在日本的进口贸易中，美元占结算货币的占比也基本稳定在70%。韩国的国际贸易中，使用美元作为结算货币的比重更是达到80%以上。澳大利亚在2002年、2006年和2007年出口贸易中使用美元的比重均超过67%，进口贸易中使用美元结算比重也始终在50%以上。比较而言，英国进出口贸易中使用美元结算的占比略低，均在30%左右。这与英国的进出口贸易结构有关，英国的主要贸易伙伴集中在欧盟，而欧元诞生以后，欧盟内部国际贸易主要使用欧元结算，因此，美元在英国进出口贸易结算中的占比相对较低。但总体而言，根据可获得的数据可以得出结论，自20世纪70年代起，全球范围内美元是最主要的国际结算货币，在主要国际结算货币中美元的地位始终处于绝对领先位置。

表3-6　1992~2008年部分国家国际贸易美元结算情况　　　单位：%

国家	年份	美元在出口结算货币中的占比	美元在进口结算货币中的占比
美国	1992~1996	98	92.8
	1995	92	80.7
	2003	99.8	92.8
日本	1995	52.2	70.2
	2001	52.4	70.7
韩国	1995	88.1	—
	2001	84.9	82.2
澳大利亚	2002	67.9	50.1
	2006	75.3	51.4
	2007	74.3	52
英国	1999	27	30
	2002	26	37
加拿大	2002~2008	—	83.6

注：表3-5数据来自Michael等(2010)[161]。

二、美元作为主要国际结算货币的可持续性分析

国际贸易结算货币的选择不仅影响参与国际贸易的微观个体，也是宏观经济冲击在国际传导的主要影响因素，因此，对于国际贸易结算货币的选择问题理论界的研究已经比较深入。

较早的研究认为（Swoboda，1968[162]，1969[163]），选择作为国际交易的媒介货币通常基于对交易成本的考虑，因此，通常选择在国际外汇市场上流动性较强的货币作为媒介货币；另外，选择较低交易成本的货币对提高经济运行的效率也大有裨益。美元作为最主要的国际结算货币不仅适用于美国与其他国家的双边贸易范围，亚洲国家的进出口贸易中也主要选择美元作为结算货币，且这种状况即使在存在宏观经济扰动（如汇率波动）的情况下依旧得以保持（Goldberg and Tille，2008）[164]。基于对历史的总计以及对已有国际结算货币理论的考察，本书认为美元仍将是世界多数国家进出口贸易的首选结算货币，这主要基于以下几方面因素：

第一，美国是世界上最大的生产国和消费国。鉴于此，与美国展开国际贸易的经济体在选择结算货币时必然受到美国作为最大生产国和消费国地位的影响，而美国也必然倾向于选择本币进行结算。

第二，美国是最大的"金融国家"。众所周知，美国作为一个"金融大国"，其活跃的金融市场上提供了多种可以规避金融风险的工具，且最主要的金融工具创新也通常出现在美国的金融市场，种类丰富的金融工具有利于降低美元资产持有者的汇率风险。

第三，美元价格透明化的程度较高。这种较高的透明度使以美元标价的商品在国际贸易中具有较高的可比性，且其价格形成机制也更容易在交易过程中被采用。

第四，美元是大宗商品交易的主要计价货币。由于美元在石油等大宗商品计价和定价中的特殊地位，大宗商品交易中美元是最主要的结算货币，且由于结算货币具有较强的使用惯性，因此，未来一段时期内美元仍将主导大宗商品交易市场。

第五，美元货币的外部性。根据货币的外部性理论，一种货币的交易规模越大，交易成本就越低。由于美元在国际贸易中业已形成的国际结算货币

地位，使用美元结算将可以获取美元的外部性，降低交易成本。另外，在国际外汇市场上，非美元货币之间的交易成本往往要高于直接与美元兑换的交易成本，且交易速度也低于美元。

第四节 美元作为主要国际计价货币的可持续性

美元作为主要国际计价货币主要体现在对大宗商品的美元计价，本节将对石油美元做历史考察，并分析美元作为主要国际计价货币的可持续性。

一、美元成为主要国际计价货币的历史考察

从历史角度来看，与国际大宗商品特别是能源的计价和结算绑定权往往是货币崛起的起点，"煤炭—英镑""石油—美元"即展示出这样一种明晰的主权货币获得国际货币地位的路径[165]。因此，对美元作为主要国际计价货币的考察将主要集中于美元与大宗商品，尤其是石油的计价绑定情况。

随着石油取代煤炭成为新的核心能源，以及内燃机革命掀起的第二次工业革命高潮，石油开始登上历史舞台，石油的战略价值也开始显现。美国在第二次世界大战以后已经掌握了世界原油产量的2/3。另外，自20世纪70年代开始，美国与当时世界上最大的产油国沙特阿拉伯达成一项"不可动摇协议"，双方确定美元为石油的唯一定价货币，并得到石油输出国组织（Organization of the Petroleum Exporting Countries，OPEC）其他成员国的同意。

事实上，早在20世纪20年代，以艾克森公司（Exxon）、雪佛龙公司（Chevron）、美孚公司（Mobile）、英荷壳牌公司（Royal/Dutch Shell）等为代表的大石油公司就对世界主要产油国的石油资源进行垄断，并拥有产油权、定价权和处置权，这一状况维持至20世纪60年代末。西方石油公司对石油价格的长期垄断导致产油国对价格过低十分不满，双方矛盾日益尖锐，最终引发了20世纪70年代第一次石油危机（何小明等，2011）[166]。第一次石油危机后，石油输出国组织成为全球原油定价主导组织，但正如前文所述，也是从这一时期开始，美元成为石油的唯一定价货币。

1973~1986年，国际原油价格处于较高的态势，随着纽约商品期货交易所（NYMEX）和伦敦国际石油交易所（IPE）先后推出美国西得克萨斯中质原油（West Texas Intermediate Crude Oil，WTI）期货和北海布伦特（Brent）原油期货，国际原油市场的定价开始更多受到原油期货市场影响。由于美国在全球的影响力，美国西得克萨斯中质原油（WTI）已经成为全球原油定价的基准。图3-6描绘了WTI从1986年1月开始至2018年12月的现货价格。1986年，WTI价格平均处于低于20美元每桶的价格，在1986年以前WTI价格更低，有数据表明，1946~1973年第一次石油危机之前，美国西得克萨斯中质原油价格不足10美元每桶（何小明等，2011）。第一次石油危机中，石油输出国组织宣布石油禁运、暂停出口，造成石油价格上涨，从石油危机前的不足3美元上涨到超过13美元。国际原油价格的大幅度上涨出现在2008年之前，这一阶段价格持续上涨的背景是全球经济的持续增长以及产油国剩余产能的不断下降。

图3-6　1986年1月~2018年7月WTI原油现货价格

资料来源：美国能源署（EIA）。

图3-7展示了1983年4月~2018年12月WTI原油期货价格，对比图3-6与图3-7可以发现，WTI原油期货价格很好地吻合了现货价格，期货市场较好地发挥了价格发现功能。由于国际原油现货市场和期货市场的兴起，WTI

原油和布伦特原油已取代阿拉伯轻油成为公认的基准油品。所有在美国生产和销往美国的原油均已 WTI 作为计价基准。

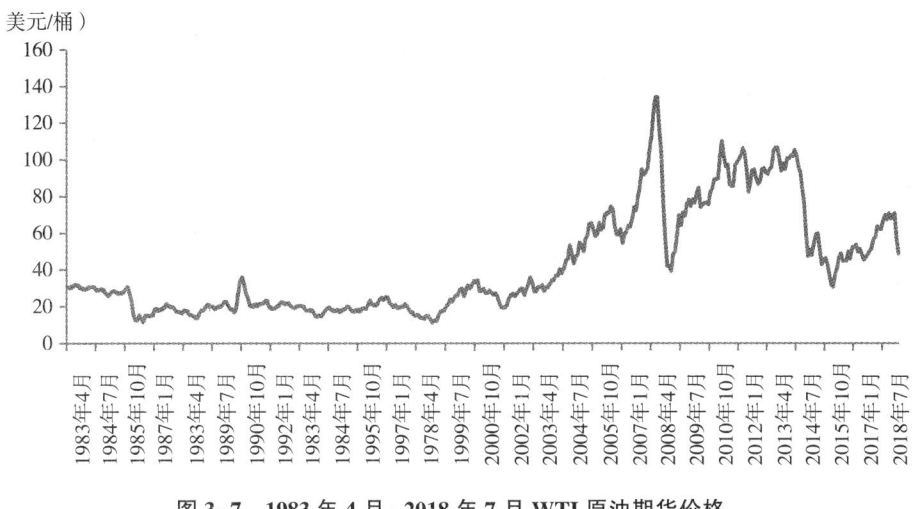

图 3-7　1983 年 4 月~2018 年 7 月 WTI 原油期货价格

资料来源：美国能源署（EIA）。①

二、美元作为主要国际计价货币的可持续性分析

以美元作为国际大宗商品（国际石油交易等）的计价货币，是从实质上巩固美元的霸权地位。石油交易以美元计价，则美国可以通过其国内货币政策影响甚至操纵国际油价；另外，大宗商品交易的美元计价也促使进行大宗商品交易的国家为规避汇率风险而倾向于选择美元储备，以供交易使用。这样，美元作为计价货币、储备货币的地位得以相互巩固。

对美元作为国际计价货币挑战的经典案例出现于石油美元领域，2004 年，伊朗宣布建立石油交易所（euro-denominated Iranian oil bourse），IOB 的意图，意图使用欧元（petro-euro）代替美元（petro-dollar）作为石油的计价货币。然而，这一政策意图招致北美和欧洲经济界以及政治界的不满。一些人士怀疑伊朗这一政策意图的有效性和严谨性，因为在国际金融市场上，欧元始终

---

① 图 3-7 中的 WTI 原油期货价格为美国能源署官方网站提供的原油期货合约 1（Cushing, OK Crude Oil Future Contract 1）的价格。

可以与美元自由兑换,以欧元替代美元作为石油计价结算货币并无太大根本性影响。当然,在一定程度上,石油欧元替代石油美元会影响美元的铸币税收益。那么,美元能够轻易与石油脱钩吗?大部分研究给出的结论是否定的。如蒙代尔认为,"贯穿货币发展史的一个主题就是处于金融权利顶峰的国家总是拒绝国际货币改革,因为这会降低它自身的垄断力量"[167]。Robert(2007)也认为伊朗这一挑战美元体系的政策最终不会成功,主要原因是美元在现有国际货币体系中的强势地位不容小觑。对于伊朗的这一政策决议,引发了多家媒体再次报道美国入侵伊拉克是缘于萨达姆在 2000 年宣布使用欧元替代美元作为伊拉克石油的交易货币,而美国的这次入侵也是对石油输出国组织和其他石油出口国家的警告①。

事实上,石油美元与美元本位的国际货币体系之间有着密不可分的联系,这一联系主要体现为"美元环流"。石油以美元作为计价和结算货币必然导致各石油需求国大量储备美元以支付其石油进口,对美元的高需求进一步巩固了美元在国际货币体系中的硬通货地位,尽管石油美元的流出是基于美国大量的经常项目逆差。而石油出口国赚取的石油美元收入为规避货币风险将通过购买美国金融资产(如美国国债或美国股票)的方式回流美国,这有助于美国证券市场的进一步繁荣。同时,石油美元的回流为美国提供了大量的投资基金,有助于拉动美国经济增长;石油美元环流对美国国债的购买也使美国政府可以保有较高的财政赤字,并无须提高美国的国内利率以吸引国外资金。美元环流保证了美国可以在保持超低储蓄的情形下而获取消费、投资的"外部资金"。与石油美元密切关联的美元环流是保障美元作为国际储备货币的重要途径。因此,美元作为最主要的计价货币地位不会轻易改变,短期内乃至中长期内,美元仍然是最主要的国际计价货币。

本章小结

综上所述,从美国的重要经济指标——美国公共债务的视角展开分析后,

---

① 见 www.pressurepoint.org/pp_ its_ the_ oil.html。

发现美国严格的财政纪律是保证美国公共债务可持续的重要条件，事实上也是保持美元在国际货币体系中重要地位的必要条件。通过将美元作为主要的国际储备货币、国际结算货币以及国际计价货币的历史考察可以发现，布雷顿森林体系瓦解后美元与黄金脱钩并未导致美元国际货币地位被取代，美元仍然是最主要的国际货币。从短期来看，美元本位制将会持续。但从长期来看，美元本位制也将受到越来越多的挑战。笔者认为，美元本位制在布雷顿森林体系时期对资源的有效分配产生了积极的作用，但随着全球经济的发展以及美元本位制自身存在的弊端，美元所面临的挑战也将增加。次贷危机使全球经济出现衰退，美国采取了多轮量化宽松，加剧了全球流动性过剩。因此，关于以美元为主导的国际货币体系的思考和讨论不仅仅限于美元本位制的可持续性，而是在后金融危机时代，这一国际货币体系所表现出的愈加突出的负外部性。虽然美元本位制仍然在全球金融治理体系中发挥着重要作用，但这一体系缺乏对美国政策行为的约束，导致美国以外的其他世界各国不得不为"美国至上"的单边政策行为承担高昂成本。这也反映出，美元本位制的内核并不是包容性的"人类命运共同体"价值观，而是"美国至上"的带有阶级性的博弈价值观。因此，无论是从国际货币体系的可持续性出发，还是从国际货币体系的价值观内核和其外部性出发，未来国际货币体系改革的方向应当是全球各国通过协商确立一种能够有效地限制和约束美元霸权的制度安排，最终形成多元化的国际货币体系格局。

第四章
现行国际货币体系的运行现状及主要问题

布雷顿森林体系崩溃后,黄金的非货币化、浮动汇率制度的合法化带来了国际国币安排的多元化,不同的国家、地区和集团经历了不同的发展和演变轨迹,而这些不同的轨迹又共同造就了国际货币体系。在现行的国际货币体系——牙买加体系下出现了储备资产的多元化、汇率制度选择的多样化、国际金融合作的区域化等特征[168]。

在第二章对国际货币体系改革历史演进的阐述中,笔者主要从历史的维度对国际储备货币变革、国际汇率制度变革与国际金融合作变革展开分析,本章将主要针对现行国际货币体系下这三个方面的运行现状和运行缺陷展开深入分析。

第一节 现行国际货币体系的运行现状

本节阐述的角度主要从国际储备货币、汇率制度和国际金融合作三个层面展开。

一、现行国际货币体系的储备货币现状

在牙买加体系下,虽然国际货币体系仍然以美元为本位货币,但鉴于美元作为本位币所存在的固有缺陷,因此,在1999年欧元正式流通后,欧元成

为国际储备方面美元所面对的最主要的潜在竞争货币。然而将欧元与美元相比,不难发现,两者在实力上仍有差距,尚未展开实质意义上的竞争(黄梅波、熊爱宗,2010)[169]。根据国际货币基金组织官方外汇储备币种构成(COFER)的最新数据,截至2018年第四季度,全球储备规模已从1999年第二季度的不到2万亿美元上升至2018年第四季度的11.42万亿美元。从全球储备资产的结构上看,最新数据显示,美元储备占所有已公布官方持有外汇储备币种构成的比重超过60%。

从国际货币基金组织公布的官方外汇储备币种构成数据上看,能够称其为美元储备潜在竞争对手的欧元,其在各国已公布外汇储备币种结构中的占比始终稳定在20%左右(见图4-1)。

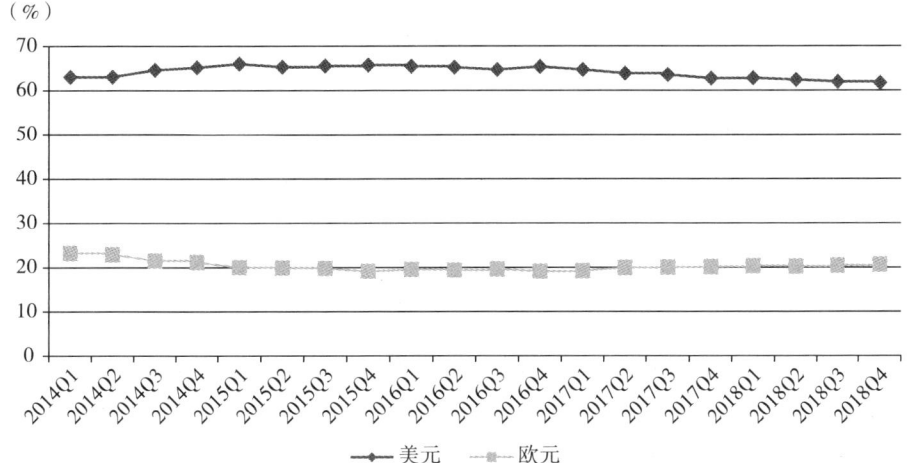

图4-1　2014年Q1~2018年Q4美元、欧元占已公布官方外汇储备比重

资料来源:国际货币基金组织公布的官方外汇储备比重结构报告(Currency Composition of Official Foreign Exchange Reserves, COFER)。

另外,从特别提款权(SDRs)的份额中也可以间接分析出不同货币在现行国际货币体系中的地位。如表4-1所示,美元作为目前世界上最主要的货币,2010年在SDRs"货币篮子"份额占41.9%。2016年10月1日起,SDRs"货币篮子"份额进一步调整,将人民币正式纳入SDRs"货币篮子",占SDRs"货币篮子"份额为10.92%,使其成为继美元和欧元之后在SDRs"货币篮子"份额中所占比重第三大的货币。尽管如此,仍旧可以看出其他货币在短期内难以撼动美元在国际货币体系中的地位。

表 4-1 特别提款权 SDRs "货币篮子" 份额

货币名称	2010 年权重（%）	2016 年权重（%）
美元	41.9	41.73
欧元	37.4	30.93
日元	9.4	8.33
英镑	11.3	8.09
人民币	—	10.92
合计	100	100

二、现行国际货币体系的汇率制度

现行国际货币体系下存在多种自由的汇率制度安排，各国可以根据本国面临的国内、国际的实际情况来安排本国的汇率制度。如表 4-2 所示，根据国际货币基金组织（IMF）出版的《汇率安排和汇率限制（2017）》(*Exchange Arrangements and Exchange Restrictions* 2017) 中所统计的国际货币制度中的汇率安排的分类，从中可以发现，在汇率制度的选择上，总体上可以分为固定汇率制和浮动汇率制两种，具体来看，固定汇率制又可分为硬盯住制和软盯住制两种，其中硬盯住又可以进一步分为没有单独的法定货币交易安排和货币局制度两种类型；软盯住可以进一步分为传统盯住汇率制、汇率目标区汇率制、稳定性安排、爬行盯住、类爬行盯住五种类型，浮动汇率制也可以进一步分为浮动汇率和自由浮动两种类型。因此，可以说，相对于此前的布雷顿森林体系，在牙买加体系下，国际货币制度中的汇率安排呈现了多样化的特点。

（一）不同国家的汇率安排

根据国际货币基金组织发布的《汇率安排和汇率限制 2017 年年报》(*Exchange Arrangements and Exchange Restrictions* 2017)，IMF 计算和统计了国际货币基金组织 192 个成员国所使用的汇率制度的分布情况。

表4-2 2017年IMF成员国汇率制度安排

类型	类别	国家数	占比（%）
硬盯住	没有单独的法定货币	13	6.77
	货币局制度	11	5.73
软盯住	传统盯住汇率制	43	22.39
	汇率目标区	1	0.52
	稳定性安排	24	12.5
	爬行盯住	3	1.56
	类爬行盯住	10	5.21
浮动汇率制度（市场决定汇率）	浮动汇率	38	19.79
	自由浮动	31	16.15
其他	其他管制安排	18	9.38

资料来源：Exchange Arrangements and Exchange Restrictions 2017。

如表4-2所示，世界上采用浮动汇率的国家（包括自由浮动和有管制的浮动）共69个，占IMF全部成员国的35.93%，其中采用有管制的浮动汇率的国家有38个，占19.79%；采用自由浮动的汇率的国家有31个，占16.15%。根据《汇率安排和汇率限制2017年年报》可以发现，采用自由浮动的汇率的国家包括美国、英国、日本、澳大利亚、加拿大、俄罗斯、欧元区国家等主要发达国家和中等收入国家以及以智利、墨西哥等国家为代表的部分发展中国家。

采用类似固定汇率的国家105个，占IMF全部成员国的54.69%，其中没有法定货币的国家有13个，占IMF全部成员国的6.77%，主要是以厄瓜多尔、萨尔瓦多、巴拿马、密克罗尼西亚等国家为代表的小型开放经济体；采用货币发行局制度的国家和地区有11个，占IMF全部成员国的5.73%，主要是以中国香港特别行政区、东加勒比货币联盟、格林纳达等为代表的国家和地区；采用传统盯住汇率制度的国家和地区有43个，占IMF全部成员国的22.39%，包括以巴哈马群岛和伯利兹为代表的部分小型国家和地区，以巴林、伊拉克、沙特阿拉伯、阿曼、科威特的部分产油国，以尼日尔、西非经济等为代表的部分非洲国家和地区；采用稳定性货币安排的国家有24个，占IMF全部成员国的12.5%，包括以新加坡、马尔代夫为代表的小型经济体和以越南等国家和地区为代表的部分发展中国家；采用爬行盯住汇率制度的国家和地区有 3 个，占 IMF 全部成员国的 1.56%，包括尼加拉瓜、博茨瓦纳和洪都拉斯；采用类爬行盯顶住汇率制的国家和地区有 10 个，占 IMF 全部成员国的 5.21%，采用这种汇率制度的国家包括伊朗、克罗地亚等国家；采用汇率目标区汇率制的国家仅有汤加一国，占 IMF 全部成员国的 0.52%。采用其他管制安排的国家有 18 个，占 IMF 全部成员国的 9.38%，包括中国、安哥拉、巴基斯坦等发展中国家。

通过上述分析可以发现，在牙买加体系下，绝大多数国家都采用类似固定汇率的汇率制度，包括部分小型开放型的发达国家和地区以及绝大多数发展中国家。与之对应的是绝大多数发达国家均采用自由浮动汇率制和有管制的浮动汇率制。就世界各国的经济发展情况和对汇率制度需求而言，发达国家和大国需要且有能力采取浮动汇率制，来掌握本国货币政策的自主性，而发展中国家和小型经济体由于经济规模较小，且独立抵御世界经济风险的能力较差，为了维护本国经济的稳定性，增强其抵御世界经济中可能出现的风险的能力，因而放弃货币政策的自主性，多采用固定汇率制度。由此，从世界各国所采用的汇率制度的情况来看，总体呈现出发达国家和大国更倾向于采用浮动汇率制度或有管理的浮动汇率制度，小型经济体和发展中国家则更多地采用固定汇率制，甚至有部分小型经济体，为了保持当地货币的稳定而直接采用美元作为当地的流通货币。

（二）不同国家的汇率目标

从不同国家依据何种方式来干预汇率变化的情况来看，如表 4-3 所示，采用汇率锚作为标准的国家有 82 个，占 IMF 全部成员国的 42.71%。在采用汇率锚制度的国家和地区中，采用盯住美元的国家和地区最多，达到 39 个，占 IMF 全部成员国的 20.31%；采用盯住欧元的国家和地区有 25 个，占 IMF 全部成员国的 13.02%；采用盯住复合汇率的国家和地区有 9 个，占 IMF 全部成员国的 4.69%；采用盯住其他货币的国家和地区有 9 个，占 IMF 全部成员国的 4.69%。这些采用汇率锚制度的国家和地区中，主要以中国香港、巴拿马、东加勒比货币联盟、西非经济和货币联盟等国家和地区为代表。进一步分析可以发现，这些国家和地区在选择汇率锚时，主要选择与当地经济和贸易关系密切的国家和地区的货币作为汇率锚，如中国香港和巴拿马选择美元作为汇率锚，西非经济和货币联盟选择欧元作为汇率锚等。

在选择采用货币流通量作为汇率目标的国家和地区共有 24 个，占 IMF 全部成员国的 12.5%，主要包括中国、孟加拉国、冈比亚、埃塞俄比亚、马拉维等国家，这其中既包括采用固定汇率制的国家，也包括采用浮动汇率制的国家。选择以通货膨胀目标作为一国货币政策的主要目标的国家和地区有 40 个，占 IMF 全部成员国的 20.93%，包括巴西、格鲁吉亚、韩国、日本、澳大利亚、加拿大、英国等国家和地区；采用以其他目标作为汇率管理的主要目标的国家和地区有 46 个，占 IMF 全部成员国的 23.96%，这其中包括美国、欧元区国家、索马里、阿根廷、蒙古、瑞士等国家。

通过上述分析可以发现，绝大多数的发达国家和发展中国家中的大国，均以本国的相关经济指标（货币流通量、通货膨胀等）作为制定汇率目标的主要依据，综合考虑不同汇率政策对本国经济的影响而较少单纯地以汇率变动作为制定本国货币目标的依据；与之对应的是小型开放经济体和部分自身经济实力较弱的国家和地区，为了保持当地经济的平衡发展，则选择与其有密切政治、经济联系的国家和地区的货币作为汇率锚，将盯住汇率锚作为本国或本地区货币政策的主要目标。

表 4-3　2017 年 IMF 各成员国汇率政策安排

	汇率锚				货币流通量目标	通货膨胀目标制框架	其他
国家数	82				24	40	46
比重	42.71%				12.5%	20.83%	23.96%
	美元	欧元	复合	其他	—	—	—
国家数	39	25	9	9	—	—	—
比重	20.31%	13.02%	4.69%	4.69%	—	—	—

资料来源：Annual Report on Exchange Arrangements and Exchange Restrictions 2016。

总之，通过上述分析发现，在牙买加体系下，一方面，一国或地区汇率制度和汇率目标的选择，更多的是依据各国的政治、经济的实际情况而由其自主选择对本国或本地区最有利的制度。相对于布雷顿森林体系而言，这种汇率制度和货币政策目标的多样化增强了各国货币政策的独立性，更有利于促进当地经济的发展；另一方面，由于汇率制度的多样化而导致的各国货币汇率的频繁波动也容易造成世界经济的不稳定，是周期性世界金融危机发生的主要原因之一。

三、现行国际货币体系的国际金融合作

现行国际货币体系的国际金融合作主要体现为国际性和区域性的金融合作，尤其以区域性金融合作为典型。

（一）以 G20 集团为平台的国际金融合作

2008 年国际金融危机爆发以后，传统的发达国家间的国际合作机制暨全球治理机制失去以往的效力，二十国集团领导人峰会成为国际经济合作的主要论坛。二十国集团成员覆盖了全球所有地区的重要发达国家和新兴经济体，该集团的国内生产总值占世界 GDP 的 85%，人口占全球的 2/3，国土面积占全球的 60%。

二十国集团从成立开始至 2009 年，议题越来越广泛，从最初探讨金融危机的起源，到 2009 年第二次峰会探讨国际货币基金组织增资和加强金融监管等议题，之后逐渐扩展到全球化挑战、全球金融安全网、增长与就业、强化国际金融体系、完善国际金融架构、鼓励可持续发展等内容[170]。二十国集团是全球国际金融合作中制度性话语权相对均衡的国际合作机制，其代表性和影响力不断增强，符合全球金融治理的需要。

二十国集团已经在多方面取得重大进展，例如，在金融危机的预防和解决方面，与会国认为应该提高经济金融的透明度并强化金融体系，遵守国际认可的标准和准则，并承诺向国际货币基金组织汇报各国的遵守情况。在应对全球化挑战方面，二十国集团达成《蒙特利尔共识》，支持全球经济一体化和全球金融一体化，承认全球化给世界带来的挑战，并认为国际社会必须采取建设性行动以减少全球化带来的不平衡。2016 年，中国首次作为主席国在杭州召开 G20 峰会。2016 年 9 月，中国人民银行官方网站转发了一系列 G20 杭州峰会财金渠道重要成果文件，其中《二十国集团迈向更稳定、更有韧性的国际金融架构的议程》从十三个方面阐述了二十国集团在完善国际金融架构问题上的倡议，例如，G20 号召各国加强对新出现跨境风险的监督和监测，

呼吁所有成员国参与官方储备货币构成调查、完善主权债重组机制、加强IMF和区域金融安排的有效合作、期待新的IMF份额分配公式以反映有活力的经济体在世界经济中的相对地位等。

二十国集团取得的最新进展主要集中在2018年在阿根廷举办的G20布宜诺斯艾利斯峰会。其间，中国国家主席习近平发表了题为《登高望远，牢牢把握世界经济正确方向》的重要讲话，强调二十国集团要坚持开放合作、伙伴精神、创新引领、普惠共赢，以负责任态度把握世界经济大方向。

二十国集团既包括发达国家，也包括发展中国家，成员构成更加多元，在代表性、影响力等方面，都优于七国集团或八国集团。与此同时，二十国集团在国际金融合作方面的治理框架更加体现了"人类命运共同体"的价值观内核，在强调自身发展的同时，更加强调包容性和普惠性。未来二十国集团将是发达国家与发展中国家展开国际金融合作的主要对话平台。

（二）东盟+中日韩"10+3"合作机制

作为区域货币和金融合作的标志性成果，东亚各国在2000年泰国清迈召开东盟与中日韩"10+3"财长会议，会议上达成了《清迈协议》（*Chiang Mai Initiative*，CMI），这是东亚地区货币合作的开始，也从此展开了东亚地区的区域金融合作机制。在清迈协议的框架下，各国就以下方面达成共识：第一，建立信息沟通与共同监测机制，该机制主要包括两个方面内容，一是对成员国宏观经济状况、金融市场、经济政策等方面信息进行沟通与共享；二是检测宏观经济运行中出现的不利变动并提出相关政策建议；第二，清迈倡议从双边走向左边，各成员国就建立一个比区域流动性救援框架更进一步的合作框架达成共识；第三，在货币互换的基础上，在整体契约的前提下，建立一个原则上成员国自行管理的储备池，并由各国财长作为代表共同讨论监管体系、资金规模、借款额度等事项；第四，发展区域债券市场。2004年12月，东亚及太平洋地区中央银行行长会议组织宣布，由该组织成员出资设立总额为20亿美元的亚洲债券基金于2005年初启动[171]。

此外，2008年的全球金融危机催生了东亚外汇储备库的构建，2009年东盟加中、日、韩财长在印度尼西亚巴厘岛召开的会议上决定，由中国和日本各出资384亿美元，韩国出资192亿美元，东盟十国出资240亿美元，建立总额1200亿美元的东亚外汇储备库[172]。

(三) 欧元区的区域性金融合作

欧元区的国际金融合作起源于欧洲联盟（EU）的成立。欧洲联盟（简称欧盟）最初由欧洲共同体发展而来，而欧洲经济共同体首先建立了欧洲货币体系（European Monetary System, EMS）。欧洲货币体系是一种具有新性质和新特点的区域性货币合作制度，欧洲货币体系的建立标志着欧洲经济共同体成员国在汇率制度方面展开的合作，即各成员国货币汇率相对于某一中心汇率相对稳定。"中心汇率"即欧洲货币单位（European Currency Unit, ECU），欧洲货币单位是由当时欧共体12个成员国货币组成的"货币篮子"。欧洲货币体系建立的目的是建立起稳定的汇率机制，以欧洲货币单位为中心，各成员国货币与欧洲货币单位绑定，从而实现各成员国货币双边汇率的相对固定。

1993年，《马斯特里赫特条约》正式生效，标志着欧洲联盟正式成立，欧洲三大共同体纳入欧洲联盟，欧共体从经济实体向经济政治实体过渡，欧洲货币联盟也被视为是推动欧洲政治一体化的重要途径（Eichengreen, 2000）[173]。欧洲货币联盟成立的主要目标是建立称为欧元的单一欧洲货币，这一目标是随着欧洲联盟国家经济金融一体化进程的加快而得以开展并完成的。从欧洲共同体到欧盟，再到欧元的诞生，体现了欧洲国家在货币金融合作方面不断发展、不断充实的合作路线。欧元区共同使用同一种超主权货币——欧元，即各国放弃主权货币而统一使用欧元，放弃主权货币意味着放弃了可以调节总需求的货币政策，比如，需要各成员国采取不同的政策措施以配合欧元区统一的货币政策。总之，欧元的诞生是欧元区各国区域性金融合作的最重要标志和最重要成果。

第二节 现行国际储备货币体系的运行缺陷

一、美元本位的不良影响

美元作为主要的国际储备货币之一，其本身导致全球流动性过剩、全球金融动荡和全球经济外部失衡等不良影响。此部分对美元本位的不良影响将对这三个方面逐一展开论述。

(一) 美元本位与全球流动性过剩

1. 美国通过经常项目逆差向全球输出流动性

美元本位制使美元在国际货币体系中处于核心地位，当美国的经常项目出现逆差时，美联储不需要到外汇市场进行干预，只需要开动印钞机印刷美元就可弥补逆差。当美国国内经济出现过热或资金供给过多时，美元成为美国向国外输出通货膨胀的工具；而当国内经济出现衰退迹象时，美国可以通过印刷货币以增加货币供给，从而降低通货紧缩发生的可能性。此外，流通于美国本土以外的巨额境外美元渐渐成为各国储备货币的重要来源，这部分美元可以长期地占有该国生产的产品和服务，并无须付出任何代价。这就更加有利于降低美国国内的经济风险，从而保持国内经济的相对稳定。

2. 美元发行缺乏必要的约束机制

以美元为核心的货币体系，由于缺少对美元发行量的必要约束，使美元的发行泛滥。对于当前动荡的资本市场，以美国发起的TPP，更是承诺对其盟国提供无限制的美元救济方案，这种无成本的美元供给势必加重全球流动性过剩。美元本位制同此前的布雷顿森林体系存在显著区别：布雷顿森林体系下，美国必须履行"以固定比例维持美元兑黄金"的义务性承诺，于是黄金储备就成为其货币发行的硬约束。然而，美元体系下，美元发行不再受实物黄金的约束，这极大地扩张了美国货币政策的边界，使美国国债也不再受国内储蓄的约束。因此，美元本位制下，在全球范围内流通的美元的总量取决于美国政府的货币政策以及美国的经济状况。

自次贷危机以来，美国实行多轮的量化宽松货币政策，致使全球流动性过剩（见图4-2为美国的货币供应量状况）。过剩的流动性又借道贸易和投资等源源不断地流入"贸易国家"。一方面，资本的逐利性促使美国扩张性的货币政策引致的过剩流动性涌入"贸易国家"，形成美国的巨额贸易赤字；另一方面，较低的利率水平引导美国国内储蓄率持续下降、刺激居民消费以及政府投资不断增加，进一步加剧了经常项目逆差。同时，浮动汇率是美元本位制的另一核心：美元同主要货币的汇率是自由浮动的，美国政府没有义务维持与其他国家汇率的稳定。美国国内迅速发展的各类金融产品也是全球流动性过剩的原因之一。美国由于自身金融行业的发达，使各种金融产品层出不穷，这些金融产品使美元的供给增加，加剧了全球流动性过剩。

可以说，全球流动性过剩与美元本位制有很大的关系，美元本位制使美国在整个全球经济运行中享有先于一步的控制权。正是由于这种先于一步的控制权使美国可以将国内的经济运行中所面临风险转嫁给国外。

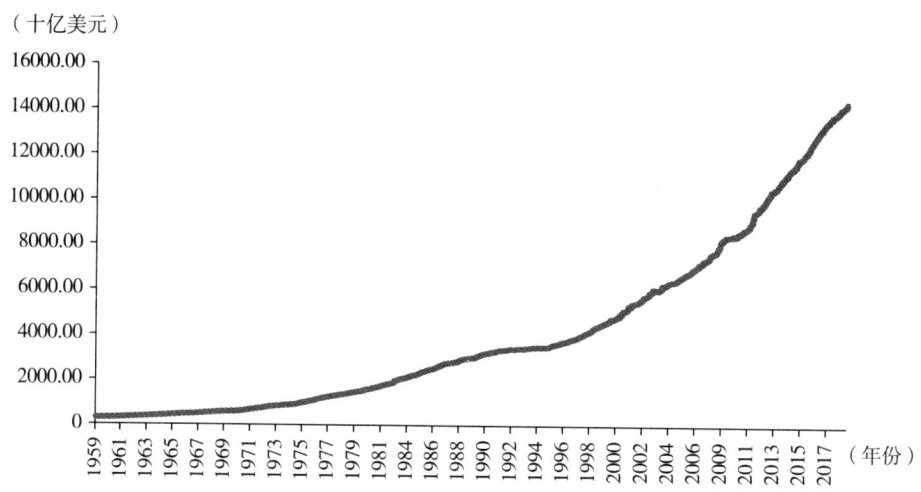

图 4-2　1959 年 M1~2017 年 M12 美国货币供应量（M2）

资料来源：美国圣路易斯联储官方网站，货币供应量数据为经季节调整的数据。

（二）美元本位与全球金融动荡

美元本位不仅使全球的流动性出现过剩，更使全球的资本市场出现动荡，金融危机出现的频率更快。美国的巨额赤字使美元的发行量大量增加，其他国家对美元的储备量也迅速增加，变相地使各个国家的货币供给量增加。随着资本市场中资金量的激增，各种资产价格逐渐产生泡沫，造成价格虚高。一旦泡沫破裂，金融危机就会发生。随着其中一部分美元再次回流到美国本土，使美国国内的资产价格也会出现泡沫，一旦美国国内出现金融危机，全球的金融市场也会出现动荡。

1. 美元本位促使风险传递速度加快

随着金融全球化的进程加快，各国所积累的金融风险不断增加，货币危机出现的概率也大大增加。尽管产生金融危机的原因各不相同，但是美元本位制都在其中起着或大或小的作用，美元就像是一只"传递风险的手"，伸向世界的各个角落。由于美国与其他利益相关国之间的贸易地位不一样，风险的传导机制使其他国家的风险不易流到美国。

2. 美元本位下资本流动加快

在美元本位制下，全球的资本好像贴上了共同的美元标签，使资本的流动速度迅速增加。造成国际资本流动速度加快的主要原因是无约束的美元本位制创造了巨大流动性，而随着越来越多的国家放松了资本管制，在逐利的驱使下，国际上的游资数量增加，对各个国家经济的冲击也越来越大。

在美元本位制以及全球经济一体化的格局下，美国根据国内经济出现的危机而调整对美元的供给量，进而对利率和汇率产生影响，这种影响对其他国家的估值效应产生重要作用。当这种估值效应累积到一定量的时候，这些国家就会产生货币危机。20世纪80年代的拉美货币危机以及日元危机、20世纪90年代发生的亚洲金融危机以及次贷危机都与这种无约束的美元本位制有关系。回顾20世纪初的黄金—英镑本位制时，发现美元本位制与之颇具相似之处。英国采用币值重估和提高关税的手段维护黄金—英镑本位制，导致了大萧条。

美元本位制下，美国从中得到了诸多好处，也同时付出了代价。美元本位制表现出不稳定性，通常情况下，美国的经常项目持续逆差，使美国自身落入"美元本位制陷阱"，使美国国内利率降低、投资过剩、居民储蓄不足。如果不对美元本位制加以改善，美元本位制仍可能成为产生金融危机的主要诱因。

(三) 美元本位与全球经济外部不平衡

全球经济不平衡是指全球经济的各个方面的不平衡，例如，贫富差距、资本项目和贸易项目的不平衡以及储蓄和投资不匹配等问题。但从狭义的角度来看，全球经济不平衡通常指的是贸易国之间经常项目的失衡，通常是指美国长期的巨额的贸易逆差同一些新兴的发展中国家的贸易顺差之间的不匹配。巨额的顺差和逆差越来越集中于少数几个国家，尤其是中国、墨西哥、德国以及日本。中国、墨西哥、德国以及日本这四个国家对美国的贸易赤字占美国总贸易赤字的比例逐年上升，在2018年超过70%。而美国的经常账户自1982年开始一直处于赤字状态（见图4-3）。

与美国的经常项目赤字状态对应的是美元的供给量上涨势头不减，这与

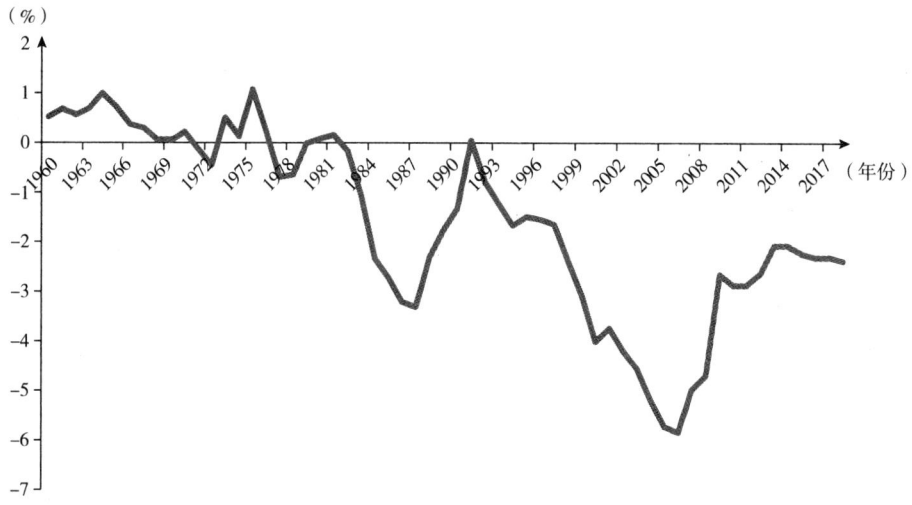

图 4-3　1960~2017 年美国经常账户赤字占 GDP 比重

资料来源：国际货币基金组织世界经济展望数据库。

美元本位制有着直接的联系。通过美元的贸易赤字可以发现，全球经济不平衡问题加深。

二、其他主要储备货币的运行困境

除美元以外，在全球已公布储备币种结构占比较高的货币分别是欧元、日元和英镑，以 2018 年第四季度的最新数据为例，这三种货币在全球已公布外汇储备中的占比分别为 20.68%、5.20% 和 4.43%，同期美元资产的占比则为 61.69%①，即使排名第二位的欧元，其占比也不足美元资产的 1/3。正如第二章已经论述过的，从 20 世纪 20 年代开始，美元已经取代英镑成为最主要的国际储备货币。

为什么其他的储备货币（如英镑、欧元、日元）无法与美元的储备货币地位抗衡？已有研究将影响储备货币角色的因素总结为以下三点：

第一，长期性的决定因素在储备货币形成中起到主要作用。长期性因素

---

① 资料来源：国际货币基金组织官方网站，http：//data.imf.org/? sk = E6A5F467-C14B-4AA8-9F6D-5A09EC4E62A4。

中最主要包括固有的该种货币流通使用的经济体或区域的规模。以美元为例，美国是世界第一大经济体，这也使美元在美国境内的使用规模已经足够大，满足了成为国际储备货币的最重要的影响因素。而英镑在承担最主要国际储备货币职能期间，英国是世界上最大的经济体，随着其经济规模被美国超越，英国在殖民地、军事力量等方面均失去了与美国抗衡的能力。

从主要国际储备货币国（或区域）的经济总量上看，以国内生产总值这一指标为例，2018年美国的GDP总量为20.51万亿美元，欧元区的GDP总量为13.67万亿美元，英国的GDP总量为2.82万亿美元，日本的GDP总量为4.97万亿美元（见图4-4）。2018年美国的经济体量比整个欧元区的经济体量要多出6.84万亿美元，这一差额几乎相当于日本和英国两个国家的GDP之和。由此可见，欧元、英镑和日元在自身的经济体量方面已经失去了与美元争夺国际储备货币地位的重要条件。

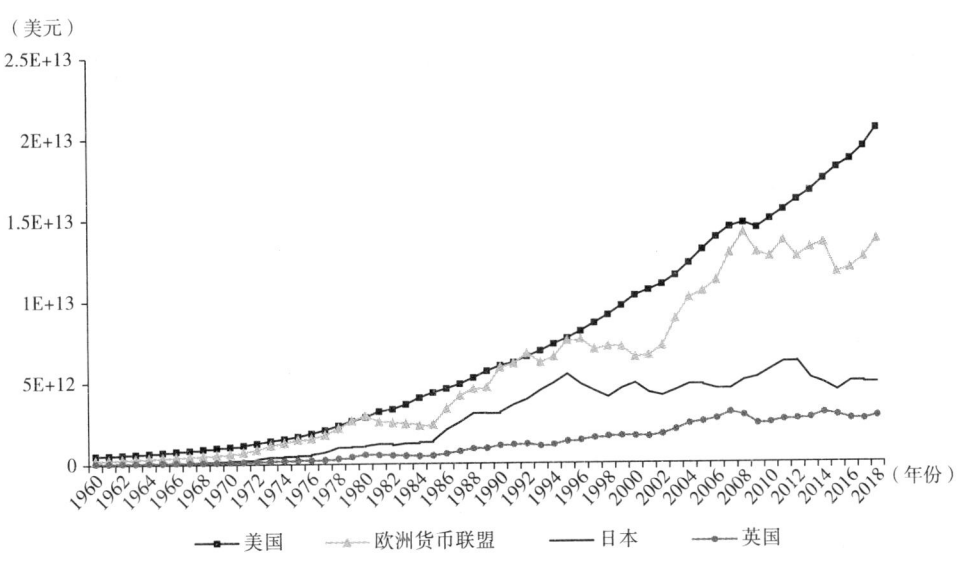

图4-4　1960~2018年主要国际储备货币国家或区域国内生产总值（GDP）

资料来源：世界银行官方网站。

第二，网络外部性（Network externalities、Kindleberger，1967[174]；McKinnon，2005[175]）。理论上，每一个国家都倾向于使用其他经济体经常使用的货币，无论是在国际贸易过程中或在国际投资过程中，这也导致某一国际货币若已经被部分经济体选择作为储备货币，则其他经济体也倾向于储备这种货币。以国际货币的媒介货币职能为例，美元在全球外汇交易中作为汇率一方货币被使用的比重约达到全球外汇交易总量的89%，而欧元和日元在外汇交易中被作为媒介货币的比重仅为37%和20%（Helleiner，2008）[176]。总之，国际交易使用某种国际货币的网络外部性也是影响国际储备货币地位的重要因素，这种网络外部性甚至可能影响一国的汇率制度，即影响其对货币锚的选择。

第三，从时间的维度看，一种国际货币被另一种国际货币取代的过程往往非常缓慢，这被称其为国际货币使用的"惯性"（inertia），而出现这种惯性的原因与网络外部性密切相关。有经济学家用这种"惯性"因素解释英镑国际货币地位的陨落过程，进而推断欧元取代美元成为主要国际货币也将受制于这种"惯性"（Bergsten，2005[177]）。但也有研究指出不需要高估"惯性"的作用，"惯性"因素可能有助于美元继续发挥其交易媒介货币（a medium of exchange）的职能，但对于美元发挥其价值储藏职能，"惯性"因素的影响未必起到决定性作用，因为持有美元作为储备货币的经济体可能出于风险规避的需求会充分考虑对风险的分散，从而储备其他国际货币（Eichengreen，2005）[178]。

总体上看，基于以上因素的制约，美元以外的其他储备货币始终无法对美元的储备货币地位造成威胁，其他储备货币面临诸多现实困境。

三、SDR 的局限

特别提款权（SDR）在 1969 年创建之初，为了实现对其他储备资产的补充，特别提款权可以用于偿还国际货币基金组织债务，从国际货币基金组织提供的数据上看，1984 年累计分配特别提款权 214.3 亿，直至 2008 年这一数值基本稳定。受到 2008 年国际金融危机的影响，2009 年分配的 1826 亿特别提款权为全球经济体系提供了流动性以补充成员国的官方储备①。2009 年已分配特别提款权达到 2039.8 亿，到 2017 年底，基金组织向成员国累计分配 2041.6 亿特别提款权，根据 2017 年底特别提款权对美元汇率，相当于 2878 亿

---

① 2009 年发行 1826 亿特别提款权的数据来自国际货币基金组织官方网站，http：//www.imf.org/zh/about/factsheets/sheets/2016/08/01/14/51/special-drawing-right-sdr。

美元（见图4-5）。

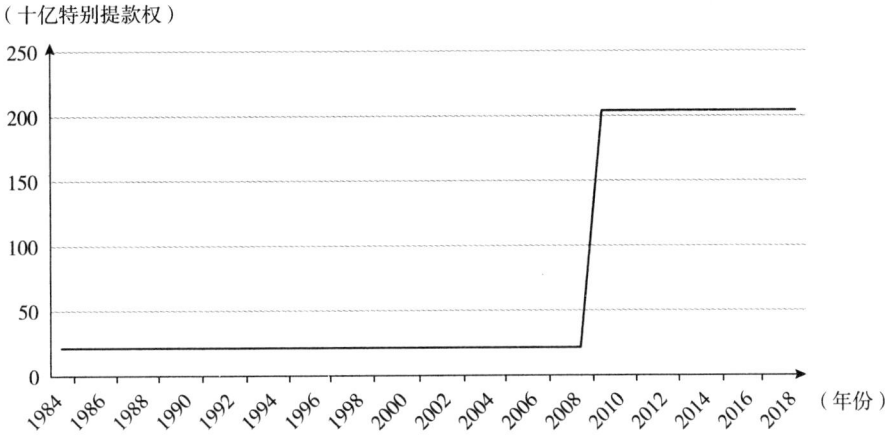

图4-5　全球已分配SDR（1984~2018年）

资料来源：IMF官方网站。

特别提款权的普遍分配是以补充现有储备资产的长期全球需求为基础，特别提款权普遍分配目前只进行了三次，第一次发生在特别提款权创立之初，在1970~1972年拨付93亿特别提款权，第二次分配了121亿特别提款权，在1979~1981年拨付，第三次则为2009年8月拨付的1612亿特别提款权[①]。

从特别提款权的总数量角度看，到2018年底，基金组织向成员国累计分配特别提款权数量以美元计值约为2834亿美元。根据国际货币基金组织官方储备资产的币种结构数据（Currency Composition of Official Foreign Exchange Reserves，COFER），截至2018年第四季度全球储备资产总额为114182.4亿美元。因此，特别提款权的总额仅占储备资产总额的2.48%，客观数据反映出特别提款权作为国际储备资产的地位是非常低的，特别提款权要在国际储备货币体系中发挥更大的作用，其面临的困难将非常巨大，需要科学、严谨的方案设计。

从特别提款权的使用方面，根据《基金组织协定》，成员国可以向基金组

---

① 2009年8月10日生效的《基金组织协定》第四次修订，进行了特别提款权的特别一次性分配，数额为215亿特别提款权，与2009年8月普遍分配的1612亿特别提款权加总之后为1826亿特别提款权。

织申请将其持有的特别提款权兑换为可以自由使用的外汇，或经基金组织批准，将特别提款权用于基金成员国与非成员国之间的其他金融业务，如支付特定的贷款、远期贸易付款等。尽管特别提款权市场一直以来是通过自愿交易安排运作的，但截至目前，自愿交易安排的数目仅为 32 个，其中 19 个是 2009 年以后的新安排①。与美元、欧元等可以自由使用的外汇储备资产相比，特别提款权使用的范围及灵活度均相对较低，这也构成特别提款权在国际储备货币体系中地位提升的另一制约因素。

第三节　现行国际汇率制度的运行缺陷

现行国际汇率制度的运行缺陷将从两个方面展开论述，即发达国家普遍采取的浮动汇率制对国际经济的负面影响，以及中间汇率制度下仍然无法避免的经济危机。

一、发达国家浮动汇率制调节对国际经济的负面影响

（一）发达国家浮动汇率制调节对国际贸易的负面影响

1. 对发达国家国际贸易的负面影响

现行国际汇率制度下，发达国家主要实行的是浮动汇率制度。在浮动汇率制度下，汇率波动幅度大而且频繁，会给国际贸易带来一定的负面影响，具体表现在以下两个方面：

第一，国家浮动汇率制增加了国际贸易参与主体的管理和经营成本。在浮动汇率条件下，国际贸易参与主体需要随时关注汇率变化是否对商业利润产生重大影响，不得不思考如何转嫁汇率风险，这会在一定程度上增加国际贸易参与主体的经营成本。

第二，浮动汇率还可能导致竞争性货币贬值。为了促进出口，减少进口，

---

① 特别提款权自愿交易安排的数据来自国际货币基金组织官方网站，http://www.imf.org/zh/about/factsheets/sheets/2016/08/01/14/51/special-drawing-right-sdr。

各国有动力采取以邻为壑政策，实行本币贬值，在损害别国利益前提下改善本国国际收支逆差状况。这种做法既不利于国际经济合作，也不利于正常贸易活动。

2. 对发展中国家国际贸易的负面影响

现行国际汇率制度下，发展中国家主要实行的是相对固定的汇率制度，比如盯住汇率。在固定汇率制度下，一国货币的国内外价格可能会出现较为显著的背离现象，进而给国际贸易带来一定的负面影响。

现实的情况是，由于发展中国家对外主要实行相对固定的汇率制度意味着发展中国家货币的对外价格不易变动，而无论国内物价水平的变化。此时，如果该国国内物价上升，就意味着货币的国内价格贬值，根据购买力平价定律，该国货币的对外价格也应该贬值，但是由于固定汇率制度的约束，该国汇率可能不会贬值，进而导致货币内外价格的背离；同理，如果该国国内物价下降，就意味着货币的国内价格升值，根据购买力平价定律，该国货币的对外价格也应该升值，但是由于固定汇率制度的约束，该国汇率可能不会升值，进而也会导致货币内外价格的背离。进一步来说，由于国内外价格的背离，从事国际贸易的企业就无法更好地衡量进行国际贸易的收益，进而可能会影响一国整体国际贸易的发展规模和水平。

3. 对国际贸易商品结构的负面影响

在包括浮动汇率制度和固定汇率制度在内的多种汇率制度并存的条件下，不同国家使用的是不同的汇率制度。与此同时，不同国家由于要素禀赋、技术水平和经济水平的不同，参与国际贸易的主要商品也不一样。在这种情况下，国际贸易大国的汇率制度可能会对国际贸易商品结构产生更大的影响，而这种影响对于国际贸易小国而言可能是负面的。

4. 对国际贸易区域结构的负面影响

在包括浮动汇率制度和固定汇率制度在内的多种汇率制度并存的条件下，不同区域的使用的是不同的汇率制度，比如亚洲、非洲等地区使用相对固定汇率制度的国家较多。主要原因是这些地区的国家经济发展水平通常较低，追求汇率稳定是一个更为重要的目标。与此同时，不同区域由于要素禀赋、技术水平和经济水平的不同，参与国际贸易的主要商品也不一样。在这种情况下，美洲、欧洲等发达地区的汇率制度就会对国际贸易商品结构产生更大的影响,而这种影响对于亚洲、非洲等区域而言可能是负面的。

(二) 发达国家浮动汇率制调节对国际金融的负面影响

1. 增加汇率危机发生的可能性

在浮动汇率制度下,汇率波动频繁,巨额国际资金的快速流动很容易造成汇率的大幅度波动,进而引发汇率危机。决定汇率波动的原因很多,但是汇率制度的影响最大。不同的汇率制度规定了汇率制定、波动的准则,并为全世界普遍接受和履行。由此产生不同的汇率变动规律,金本位制和固定汇率制下的汇率波动比较规范,也能事先进行预测并加以利用,但波动范围很小,因此,外汇风险也很小,常被人们忽略。自1973年浮动汇率制确立以来,汇率变动反复无常,主要货币如美元、马克、日元之间的汇率大起大落。由于世界各国执行不同的汇率制度,发达国家实行自由浮动或联合浮动,新兴工业国家实行弹性浮动,而广大发展中国家大都实行盯住浮动。随着全球经济一体化、投资自由化的发展,又因存在不同的决定汇率的原则,各国之间经济的相互依赖加强,货币政策间的合作也日趋密切,特别是电信网络的飞速发展,使汇率波动在国际相互快速传递,更增加了汇率波动的复杂性,也增加了汇率危机发生的可能性。

2. 增加债务危机发生的可能性

在多种汇率制度并存的条件下,汇率受到冲击的可能性较大,当债务国的汇率受到冲击,就会增加债务国的偿债压力,甚至引发债务危机。

以欧债危机为例,布雷顿森林体系解体后,国际货币体系进入"浮动汇率"时代,即所谓的牙买加体系。在牙买加体系下,美元摆脱了过去兑换黄金的法定义务,但由于美国的经济实力及国际大宗商品定价权等原因,美元在国际货币体系中的核心储备货币地位没有改变,造成了当前美元发行不受约束的状态。2008年,美国次贷危机爆发后,美国为推动经济复苏,先后三次实行量化宽松的货币政策,将其创造的金融产品输向世界各地,随后金融风险也被分散到世界各地。欧元区是美国重要的经济和金融伙伴,欧洲央行和各国商业银行也大量持有美国的金融创新产品,从而导致美国金融风险的输入,直接推动了欧债危机的爆发。

3. 增加全球金融危机的可能性

在浮动汇率制度下,世界各国的联系越发紧密,一旦某个国家发生金融危机，金融危机就很有可能在浮动汇率制度的传导下，演变成全球金融危机。

以2008年国际金融危机为例，美国是世界上最大的贸易国，长期以来保持着对外贸易逆差，主要依靠进口来维持国内消费。金融危机发生以后，美国国民财富大幅缩水，信用规模急剧收缩，国民消费支出因此而减少。通过收入效应作用于有直接贸易关系的国家，进口需求直接减少，由此造成出口国利润下降，经济受到冲击。此外，美联储降息导致其他国家货币相对于美元升值，根据购买力平价机制，以美元标价的国际能源和资源价格会上涨，进一步增加出口企业的生产成本，使贸易对手国市场与第三国市场的产品价格相对提高，竞争力下降，使其宏观经济的增长受到严重拖累。由于国际货币体系中尚无其他货币可以取代美元的位置，国际金融市场对美元的需求仍然强劲。因此，尽管此次金融危机始于美国，但美元并未出现持续性贬值，2008年国际金融危机使全世界陷入了低增长、低通胀、低利率的困境。

二、中间汇率制度的不断崩溃：经济危机的频发

古典金本位和布雷顿森林体系下，各国实行的是典型的固定汇率制度。然而金本位的瓦解和布雷顿森林体系的崩溃意味着固定汇率制度无法规避经济危机。两次世界大战期间，各国对完全自由浮动汇率制的尝试同样无法规避竞相贬值的货币战争。鉴于此，多国开始尝试实行中间汇率制度，即介于完全固定汇率制与完全浮动汇率制之间的汇率制度，其中的典型代表即欧洲货币体系下的"蛇形蠕动"汇率机制，这一尝试曾被视为是布雷顿森林体系结束后在汇率合作方面"最雄心勃勃的试验"（Buiter et al., 1998）[179]。另外，实施传统盯住美元汇率制度的委内瑞拉成为最新爆发经济危机的国家，本书将对这两个案例展开分析。

（一）欧洲货币体系与货币危机

欧洲货币体系实施的内部"固定"（指成员国之间汇率的相对固定）、对外集体浮动的汇率制度是最典型的中间汇率制度。这种汇率制度兼具固定汇率制度与浮动汇率制度的特征，是对两种极端汇率制度的折中性尝试。然而，看似灵活的中间汇率制度仍然蕴藏着不稳定性。例如，1992年，从芬兰马克开始的成员国货币竞相贬值昭示了欧洲货币体系汇率调节机制的内在矛盾。

1992年9月，芬兰马克与德国马克的脱钩是这场货币危机的导火索，而欧洲货币体系中的软货币意大利里拉于1992年9月13日宣布贬值7%，同年9月16日，英国宣布退出欧洲汇率体系，9月17日，意大利退出欧洲汇率体系，欧洲货币体系内爆发了货币危机。

在1992~1993年的欧洲货币体系危机中，投机攻击发挥了至关重要的作用，而投机攻击发生主要缘于欧洲货币体系内各国的经济情况迥异。首先，德国统一以后，德意志银行非常重视物价稳定，且货币当局已经着手使用利率工具以稳定物价而不考虑这种货币政策对欧洲货币体系其他国家的可能影响。1991~1992年，德国的利率稳步上涨。而此时的英国则深陷经济衰退之中，而且此次经济衰退被视为"二战"以后最大的经济衰退。同时，随着较高的失业率。对于英国而言，其需要宽松的货币政策以应对经济困难，但这种货币政策与欧洲货币体系要求的内部各国货币汇率彼此固定相矛盾，尤其与德国不断高起的利率相冲突。对于意大利政府而言，其面临的政策困境也十分艰难。鉴于欧洲货币体系内各经济体的实际状况，投机攻击意大利里拉和英国英镑将极有可能获得成功。尤其是1992年9月8日，为了抵御投机攻击，芬兰中央银行的国际储备消耗殆尽，不得不在已经很高的短期利率水平——14%的基础上再次提高短期利率。最终，芬兰马克难以维持欧洲货币体系要求的固定汇率而任由汇率自由浮动。这也表明当一国的宏观经济目标与实际经济状况冲突时，投机攻击将可能导致经济走向另外一种均衡状态。

（二）委内瑞拉2015年经济危机

委内瑞拉为石油输出国组织成员，是世界上重要的石油生产国和出口国。然而，委内瑞拉却在2015年开始陷入经济危机。

根据2016年世界经济展望对委内瑞拉经济状况的统计，其在2015年实际GDP增长率为-6.2%，而消费者价格则达到121.7%，失业率为7.4%，并预期委内瑞拉的经济危机在2016年和2017年将进一步加深。世界经济展望2017年的报告印证了国际货币基金组织的预期，2016年委内瑞拉的实际GDP增长率比之前预期的更糟糕，为-16.5%，是南美地区经济增长率最低的国家；2016年的消费者价格则高达254.4%，失业率攀升至20.6%。委内瑞拉在经济严重衰退环境下面临政治和人道主义危机；委内瑞拉的政治危机加剧，对经济活动产生严重不利影响。随着石油生产下降、不确定性进一步增加，预计2017年经济将收缩10%以上,而对其2017年消费者价格的预测则为652.7%,失业率将攀升至超过26%(见图4-6)。

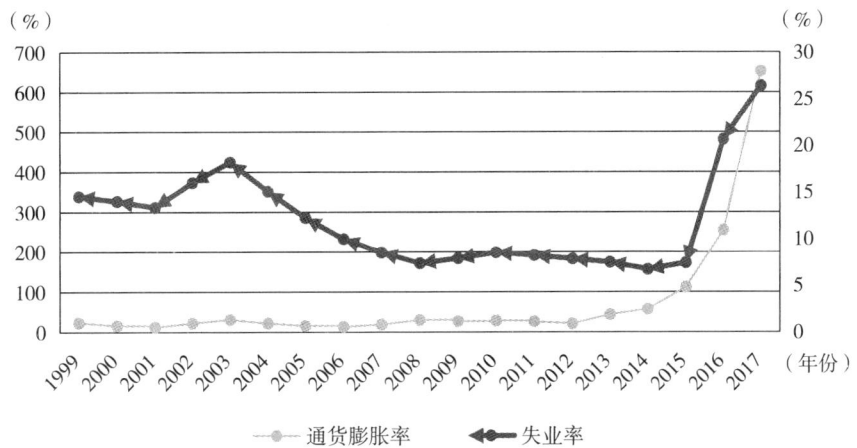

图4-6 1999~2017年委内瑞拉通货膨胀率与失业率

资料来源:世界经济展望数据库,通货膨胀率为消费者价格,对应左侧坐标轴,失业率数据对应右侧坐标轴。

经济危机往往随着本币汇率的波动,按照国际货币基金组织《汇率安排和汇率限制2016年年报》(Exchange Arrangements and Exchange Restrictions 2016)的统计,委内瑞拉实行的是传统盯住汇率制度,且以美元为汇率锚[①]。实际上,黑市中对委内瑞拉货币玻利瓦尔的交易价格远远低于官方确定的盯住汇率价格,在2013年11月,玻利瓦尔的黑市交易价格几乎是官定价格1美元等于63玻利瓦尔,在2014年9月,黑市的汇价几乎为100玻利瓦尔/美元,2015年2月超过200玻利瓦尔/美元,同年9月,下跌至730玻利瓦尔/美元。到2017年7月更是下跌至10000玻利瓦尔/美元,随着委内瑞拉通货膨胀率的持续高起,2018年1月委内瑞拉玻利瓦尔汇率达到200000玻利瓦尔/美元,货币危机持续发酵(见图4-7)。

委内瑞拉的经济危机表明,在现行的国际货币体系下,尝试某种中间汇率制度仍然无法避免经济危机的发生。当然,一国爆发经济危机的决定因素

---

① 国际货币基金组织《汇率安排和汇率限制2017年年报》(Exchange Arrangements and Exchange Restrictions 2017)将委内瑞拉的汇率制度安排调整为其他管制安排(other managed)。

不仅包括其汇率制度，还与该国的经济基本面、政治稳定、面临的外部冲击密切相关，但不可否认的是，汇率机制是其中的重要因素之一。

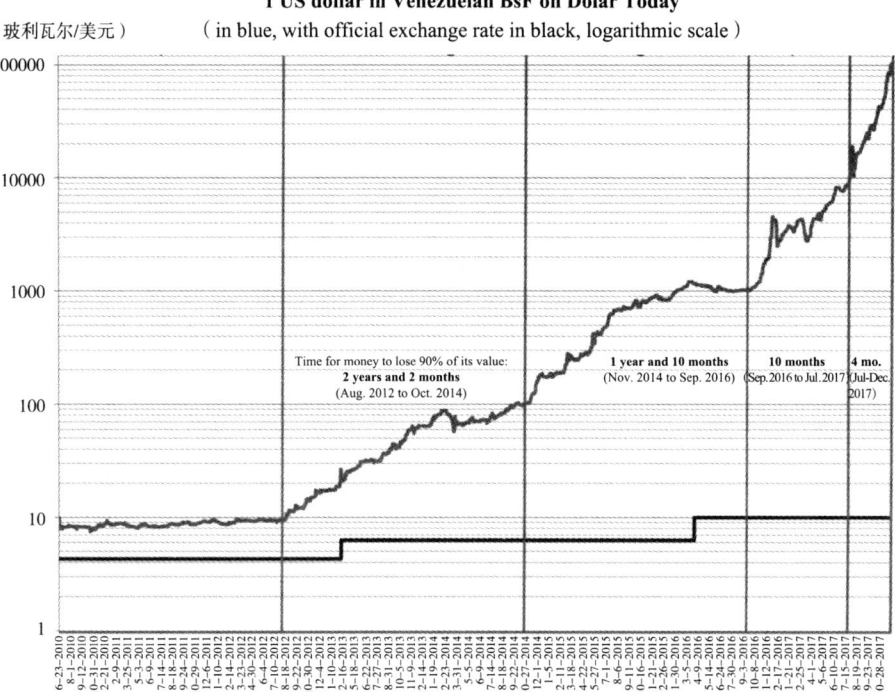

图 4-7　委内瑞拉货币玻利瓦尔的黑市（Currency black market）市场价格

资料来源：转引自 Wikipedia，"Venezuelan bolívar"，https://en.wikipedia.org/wiki/Venezuelan_bol%C3%ADvar。

第四节　现行国际金融合作机制的缺陷

现行国际金融合作机制存在的缺陷将主要从四个方面展开论述，一是目前国际上最重要的国际金融合作机构——国际货币基金组织的缺陷；二是对目前国际金融监管机制存在的弊端进行分析；三是对区域金融合作——欧元区的困境展开论述;四是讨论区域金融合作——拉美美元化的影响。

一、国际货币基金组织的缺陷

国际货币基金组织的缺陷主要体现在治理结构、监管机制和救援机制三个层面。

1. IMF 的治理结构缺陷

IMF 治理结构方面的缺陷主要表现为 IMF 的权利分配和决策过程这两个方面。无论成员国份额、投票权还是部门职位分配,还是治理过程中的权责划分、制度设计等,都有明显的倾向发达国家。

IMF 如何在所有成员国中确定投票权是衡量该组织有效性和合法性的关键,而投票权则取决于成员国的认缴份额。认缴份额既关系 SDR 的分配流向,也影响最终投票权和贷款额度。最初 IMF 份额的计算公式以国民收入、储备总量、年均进口额、出口最大变动额、年均出口额最为计算标准。但该计算公式未能真正反映成员国经济发展的实际情况。因此,20 世纪 60 年代以来,IMF 逐渐调整份额计算公式,比如利用 GDP 替代国民收入并增加权重,考虑经常账户和贸易的波动性等。尽管 IMF 不断努力修正份额计算公式,但修改后的公式也未能真正反映各国,尤其是新兴市场国家在最近几十年取得的经济成就,份额的调整速度明显滞后于新兴市场国家的发展速度,而美国等发达国家仍然占领绝对的优势地位。

与份额分配一样,IMF 的投票权分配也明显体现出发达国家为主的局面。"基本投票权"和"加权投票权"是 IMF 的主要投票机制,成员国投票权则在基本票基础之后按照 SDRs 的分数分配投票数,而表决则分为"简单多数"(50%以上)和"特别多数"(85%以上)两种形式。其中,美国等发达国家不断增加"特别多数"相关事项,不断扩大发达国家对一票否决权的使用范围。因此,新兴市场国家投票权的话语权逐渐被发达国家剥夺。尽管 IMF 不断努力修正投票机制,但与实现期待中的公平、公正相比仍相去甚远。

从 IMF 现有组织机构设计看,由理事会、执行董事会、总裁和相关人员共同组成的结构完整、分工明确、清晰合理。但 IMF 在处理国际争端时则往往出现能力不足的情况。执行董事会在重大决策方面犹豫不决,效率低下。其根本在于发达国家和发展中国家在参与执行董事会决策时的程度区分较大,而且总裁选举的不公开透明性更增加了IMF在处理国际事务中的不确定性。

2. IMF的监管机制缺陷

IMF具有对国际货币体系和成员国经济金融进行监管的职能，也是IMF最重要的、最核心的职能。随着国际金融体系的变迁，IMF的监督职能也在形式、内容和监督领域等方面不断发展变化，不同历史时期和不同的重大历史事件也均对IMF的监督职能提出更多的要求，从双边监督到多边磋商机制、从汇率政策监督到工作透明和标准制定等，同时，IMF也在不断发展和完善自身的机制设计，但仍存在监督缺陷。

首先，IMF的监督未能体现公平性。对国际经济监督过程中，IMF对待发达国家、主要储备货币发行国与发展中国家和新兴市场国家的监督态度迥异。IMF更倾向于对后者的监管，而放松对前者的监督。以全球经济失衡为例，IMF并未出台治理发达国家——美国增加储蓄以应对高额赤字的方案，但却对经常账户盈余的发展中国家进行过多干预。这种不公平的监管莫属不利于全球金融的平稳发展。

其次，IMF的监督未能体现合理性。对经济和金融发展情况进行有效监督的前提在于能够清晰地掌握该国经济发展的真实情况，但IMF实行监管职能时并未能真正客观、真实地评价发展中国家的国情，对该类国家的监管也缺少合理性。无论为发展中国家提供汇率调整建议，还是提供财政政策和经济结构改革建议，或者评估均衡汇率水平等方面，IMF均未考虑发展中国家与时俱进的发展潜力和发展现状，而盲目地进行评估和监督。

最后，IMF的系统性风险监督不到位。1980年以来，国际金融危机频发，包括拉美债务危机、墨西哥金融危机、亚洲金融危机、俄罗斯金融危机、巴西金融危机、次贷危机等。上述危机既有根源于发展中国家的传统金融危机，也有发生于发达国家如美国的信用危机。但IMF在对此类危机的系统性风险评估和监督方面明显缺位，不仅缺少事前风险评估和监督机制，在危机之后的救助行为也明显欠缺。

3. IMF的救援机制缺陷

IMF在历次经济危机中的表现难以让人信服，救援的力不从心和滞后的反应速度都未能保证及时控制危机的蔓延和进一步恶化。危机救援工作难主要体现于两个方面：一方面，危机救援资金不足以应对危机发生时的外部冲击规模。尽管目前 IMF 不断进行注资,但与实际经济情况相比,IMF 现有资金规模在应对大规模金融危机时仍显乏力。危机救助不仅需要 IMF 自身的力量,其背后则是各个成员国的利益博弈。如何在向 IMF 扩大注资规模后仍保证自身收益也是成员国需考虑的问题。另一方面,IMF 在应对经济危机时的反应较慢,不能在第一时间做出正确判断并将援助物资及时递送到位。这与 IMF 自身的组织结构缺陷和危机预防机制缺陷有关,自身决策方面存在的问题导致 IMF 在处理危机时必须通过多方审议才能最终决定应对手段,而往往则丧失了最佳救助时机。

二、国际金融监管体系存在的弊端

(一) 对国际保险业等缺乏统一有效的监管规则

事实上,在 20 世纪 30~70 年代,各国通过对商业银行信用扩张和银行间价格竞争的直接控制,以及对行业准入的直接管制,使金融业成为卡特尔组织。这样的寡头垄断结构保证了金融业可观的利润和相当大的特权,在这种情况下,金融业往往以行业自律监管为主而无须特别的监管(Goodhart, 2001)[180]。金融监管国际化一定是随着金融国际化开始的。

随着金融国际化程度的不断提高,形成了在国际上比较成熟的国际监管是针对银行业。1974 年,巴塞尔银行监管委员会的成立标志着银行业监管脱离了单个国家的范畴。1975 年巴塞尔委员会颁布了第一个巴塞尔协议,1983 年 5 月制定了"银行国外机构的监管原则"(又称巴塞尔协定,Basel Concordat),1988 年颁布了巴塞尔资本协议(Basel Accord)。从 1988 年开始,巴塞尔的银行监管体系不再局限于成员国,而是逐渐扩展到其他任何拥有活跃的国际银行的国家①。国际金融监管改革最重要的进展之一即为新的全球银行业监管协议,即巴塞尔协议Ⅲ(BaselⅢ)。巴塞尔协议Ⅲ在增强微观审慎监管的基础上,增加了包括资本缓冲层面在内的宏观审慎监管。修订后的巴塞尔协议Ⅲ于 2012 年 12 月正式生效。

保险业中,国际保险监管官联合会(The International Association of Insur-

---

① 参见 BIS 官方网站上有关"巴塞尔委员会的历史和该组织成员"。

ance Supervisors，IAIS）是一个推动各国保险监管国际协调的组织，该组织成立时间较晚，于1994年建立。国际保险监管官联合会是非营利性组织，旨在全球范围内对保险行业展开一致性监管，以保证保险行业的公平性、安全性，保障保险市场的稳定，从而保护投保人，并最终保证全球金融稳定。国际保险监管官联合会每年召开四次委员会，在六月的委员会上会组织全球性研讨（Global Seminar），针对保险部门当前面临的重要的全球性事件展开探讨，并组织学习新的国际标准。然而，依据保险业的性质，其更多的是经营本土业务，与当地的税收、社会保障和法律法规相适应，因此，保险业往往与系统性风险的相关性不高，且其外部性也远低于银行业，尤其当存在利益冲突时，各国的保险监管者很难有意愿进行合作。另外，跨境保险业的发展为保险监管带来了挑战。以欧洲为例，欧洲的跨境保险业务规模占保险者总承保保费的近1/3且仍然具有上涨态势，而通过保险公司分布于各国的分公司进行某些资产转移是无须事先经过监管机构审核的，这些因素均是保险业实现跨国监管的巨大挑战（Schoenmaker and Sass，2016）[181]，也大大降低了国际保险监管的有效性。

在国际证券监管方面，国际证券事务监察委员会组织①（IOSCO）协同各成员组织制定国际证券业监管准则，通过对准则的不断完善，以形成对国际证券业的监管，共同遏制跨国不法交易，保证证券市场在公证有效的环境中运行。然而，由于各国资本账户开放程度不同，因此，国际证券事务监察委员会组织在对各国的证券业发挥实际监管效力方面仍存在诸多障碍。

（二）对新兴金融产业缺乏全球统一的监管规则

互联网金融与绿色金融是近年来迅速发展的新兴金融产业，然而，对于新兴金融产业，缺乏行业内的统一监管标准。以互联网金融为例，互联网金融近年来在中国发展十分迅速。根据中国人民银行2018年支付体系运行总体情况公布的数据，移动支付业务增长迅速，2018年银行业金融机构共处理电子支付业务1751.92亿笔，金额2539.70万亿元；非银行支付机构处理网络支付业务5306.10亿笔，金额208.07万亿元。而2014年，全国发生的移动支付

---

① 1974年创建于美洲，1983年正式成为全球性组织。

业务金额仅为1404.65万亿元，短短四年时间，移动支付业务总量增长近一倍。① 另外，中国人民银行发布的2016年《中国支付体系发展报告》明确指出，人民银行鼓励移动支付业务快速发展，支持移动支付创新，以进一步提升支付效率。互联网金融给中国迅猛的发展带来了一场支付变革，互联网金融由于服务了大量不被传统金融覆盖的人群，因此，具有不同于传统金融的风险特征，对监管者提出了巨大挑战，如何做好互联网金融监管，仍是一个开放命题（谢平、邹传伟、刘海二，2014）[182]。尽管国际上已有相关监管指引规范互联网金融风险，如新加坡金融管理局、我国香港金融管理局等发布了相关电子银行监管指引，巴塞尔委员会于2001年发布了电子银行业风险管理指引[183]，但对于更加广泛的互联网金融，仍没有通行的国际标准。

三、区域金融合作"欧元区"的运行困境

1999年1月1日，欧元开始正式启动。2001年1月1日，欧元现金正式进入流通领域，欧元真正成为职能完整的国际货币。欧元产生之后，由于欧元区经济总量及其在国际贸易和国际金融中的地位同美国不相上下，欧元无可争议地成为美元最大的竞争对手，在各国持有的国际储备货币中，欧元的地位仅次于美元位列第二。

然而，欧元的运行面临着重重困境，最终以欧债危机的形式爆发。欧洲债务危机始于希腊，希腊在2001~2007年，利用加入欧元区的便利条件，国内生产总值年均增长近4%，超过欧盟平均水平，然后，这一增长的70%是靠借贷拉动的。与此对应的是，希腊的工资增长速度远远高于经济增长，2008年一度攀至8%，工资增长与劳动生产率的脱节拖累了希腊经济的竞争力。在经济繁荣时期，希腊没有调整其财政结构和经济结构，以降低财政赤字和巨额债务。2009年金融风暴来袭，希腊经济泡沫率先破灭，财政赤字2009年为GDP的14.3%，2010年更是飙升至32.4%。此后，葡萄牙、意大利、西班牙先后陷入债务危机，面对这场危机，德法等欧盟核心国初期迟迟达不成救援协议，甚至一度产生将希腊等国抛出欧元区的想法，直至2010年5月，希腊第一批1100亿欧元的救援贷款达成协议。

---

① 笔者根据中国人民银行网站发布的数据整理计算得到。

欧元体制实际上是欧债危机发生的根源。欧洲统一货币联盟对于欧元区国家的益处不言而喻，葡萄牙、西班牙、希腊、爱尔兰等正是依托欧元区通畅的贸易条件和低廉的融资成本，从而大幅举债投资而获得了危机之前经济的快速发展。而欧元体制从其诞生便存在着不可克服的"痼疾"。

首先，统一的货币政策与各国独立的财政政策不协调。欧元区将货币政策集中到欧洲央行，从而使欧洲中央银行是独立性最高的中央银行，但同时也使各国失去了使用本国货币政策调节本国经济这一重要的总需要管理政策。为了约束各国滥用财政政策，欧洲联盟出台了《稳定与增长公约》，该公约规定各国财政赤字占 GDP 的比重不能超过 3%，债务余额占 GDP 比重不能超过 60%。统一的货币政策面对不同发展水平的欧洲各国，必然会产生不一样的结果：经济过热的国家要求紧缩型的货币政策，而经济低迷国家则需要宽松政策刺激经济增长。经济危机之前，北欧强国需要软欧元来推动其出口的不断扩大，而南欧弱国则需要欧元的坚挺以利于吸引外资。

其次，欧元区没有统一的转移支付制度，使欧洲各国面对外来危机冲击时可以采用的刺激经济增长手段匮乏。

再次，经济联盟的进程与政治、文化联盟进程不统一。欧盟或者欧元区从本质来说是欧洲为实现统一的大欧洲而在经济金融领域的高度合作，但是由于政治联盟进程的明显滞后，共同货币的成本和收益不均导致欧洲各国产生离心力，很难推动欧洲联盟的进一步统一。欧债危机初期德、法等核心国家的救助方案迟迟无法达成一致就说明了这一点。

最后，欧洲联邦对财政纪律的监督缺乏力度，这也是导致欧洲债务危机的最直接原因。此外，欧盟的财政监测体系存在重大制度性缺陷。尽管《稳定与增长公约》对各国的财政状况进行了严格的约束，但由于缺乏有效的监督和检查机制，这样的约束在实际上并未发挥效力。以希腊为例，2000~2008年，其报送给欧盟委员会的财政赤字占 GDP 的比例均远低于其实际值。早在 2000 年，希腊的实际财政赤字占 GDP 比例就超过了 3% 的红线，而其报备的财政赤字与 GDP 比重仅为不足 1%。2001 年更是将超过 3% 的财政赤字报备为财政预算盈余。此时段希腊实际财政赤字最高的两年，2004 年和 2008 年的实际财政赤字与 GDP 占比均超过 7%[184]。

四、"拉美美元化"对拉美经济的影响

现行国际本位货币主要是美元,美元在国际金融体系中不仅处于本位货币的地位,甚至还对很多发展中国家的货币产生了替代效应,在一定程度上替代了某些发展中国家本国货币的地位,拉美美元化就是货币替代的典型例子。另外,从某种程度上看,拉美美元化可以视为拉美经济体在主权货币发行方面与美国的"深层次合作"——让渡其自有的货币发行权。

1999年1月,阿根廷总统梅内姆宣布阿根廷政府将认真考虑其经济美元化,即让美元彻底取代阿货币比索,放弃国家的金融主权,而不再实行以美元为储备的货币局（Currency Board）体制,即实现政策美元化（张宇燕,1999）[185]。圣萨尔瓦多也在积极地考虑让其经济美元化。同时,八个中美洲国家的财政部长于1999年7月召开会议,专门讨论美元化的利弊得失。在墨西哥,美元化设想已经得到了商界的热烈欢迎。由财力雄厚的大公司组成的商业联合会已经在敦促墨西哥总统实施政策美元化。

拉美美元化问题引起了学术界对美元化利弊的激烈讨论。总体上,美元化对于拉美经济体而言既存在收益也面临成本。

1. 拉美美元化给拉美经济带来的收益

从收益角度看,主要包括以下几个方面:

第一,美元化最明显的收益体现在消除了外汇兑换相关的交易成本,规避了本国货币发生货币危机的可能性,这种优势也有利于稳定该国的国际资本流动。对于历史上频繁发生货币危机、汇率波动幅度过大的经济体而言,美元化规避货币危机的优势将更加明显。另外,一国其贸易、金融与美元区经济体的一体化程度越高,美元化的优势也越明显。

第二,美元化可以降低该经济体实际汇率的波动性。对于历史上常常出现高通货膨胀以及货币名义汇率不稳定的经济体,美元化可以控制实际汇率的波动性。事实上,美元化为经济体带来了更为严格的财政金融纪律。政治当局为了短期政治利益而滥发货币时,往往带来通货膨胀率的持续高企,美元化将使当局者接受美元的严格的预算约束。

第三,美元化降低了经济体金融系统对准备金的需求。通过降低汇率风险,美元化降低了对准备金的需求。根据银行准备金的"平方根法则"

(square root law)，在满足一定的条件下，商业银行准备金的增加仅为其债务增加量的平方根（Olivera，1971）[186]。美元化以及本国金融系统与美元区金融系统的一体化，使本国金融体系是世界美元流动性资产池中的一部分，而世界美元资产池显然远远大于本国金融系统的资产池。有学者估计（Moreno-Villalaz，1999），巴拿马金融体系的准备金量与非美元化的状况相比节省的准备金量相当于其GDP的3%[187]。

2. 拉美美元化给拉美经济带来的成本

拉美美元化给拉美经济带来的可能成本主要体现在以下几个方面：

第一，放弃本币，使用美元意味着经济体将失去独立的货币政策和汇率政策。当采取美元化的经济体面临经济冲击时，无法采取积极、有针对性的货币政策加以应对。美元化不仅意味着货币政策缺失，而且意味着汇率政策也将不复存在。另外，美国基于其国内经济状况而采取的货币政策还会对美元化国家产生外溢效应，极有可能损害美元化经济体的利益。

第二，美元化直接导致美元化国家铸币税的损失。在纸币制度下，不存在通货膨胀时，铸币税来自经济增长对货币需求的增加。一般情况下，铸币税收入占一国GDP的0.2%（Krugman，1998）[188]。但有学者对拉美地区国家的铸币税损失进行估算的结果远高于0.2%，例如，阿根廷在1991~1996年的铸币税存量成本约为其GDP的3.7%，而厄瓜多尔在1992~1997年的铸币税存量成本则高达12.2%，即使是流量成本也达到了GDP的7.4%（Željko Bogetić，2000）[189]。

第三，美元化意味着该国中央银行失去了其最后贷款人（lender of last resort）的职能。这里主要包含两个层次的困境：其一，本国商业银行面临流动性紧缺时，美元化经济体的中央银行可能无法为商业银行提供流动性，商业银行只能依赖于从外国商业银行获得流动性支持；其二，当整个银行系统出现银行倒闭或支付困难时，美元化经济体的中央银行在处理银行系统支付困境时同样面临着硬性约束。

总而言之，拉美美元化是拉美国家与美国在某种形态上进行区域金融合作的尝试，拉美美元化本身面临的最大障碍是其货币政策独立性和央行最后贷款人地位丧失带来的影响，拉美国家能否从政治上、心理上接受丧失货币主权与金融主权是其实施美元化的最大障碍。

本章小结

通过本章的分析可以发现，在现行的国际货币体系——牙买加体系下，受制于世界政治和经济形势，牙买加体系并没有对布雷顿森林体系的固有缺陷从根本上进行弥补，从而导致其在运行中面临一系列困境。本章首先总结现行国际货币体系的运行现状，具体包括国际储备货币的现状、国际汇率制度的现状以及国际金融合作的现状；其次分析了国际储备货币体系的运行缺陷、国际汇率体系的运行缺陷以及国际金融合作机制的运行缺陷。

国际储备货币的运行缺陷主要体现在美元作为最主要的国际储备货币，其本身导致全球流动性过剩、全球金融动荡和全球经济外部失衡等不良影响。国际汇率体系的运行缺陷则主要体现为每种汇率制度均经历过严重的危机，汇率制度在"固定汇率制"与"浮动汇率制"之间循环往复。国际金融合作机制的运行缺陷体现在目前国际上最重要的国际金融合作机构——国际货币基金组织的治理结构和救援机制等方面均备受质疑。此外，在国际金融监管层面，对国际保险业、新兴金融产业等缺乏统一有效的监管规则。区域金融合作的另外两种典型模式，欧元区模式和拉美美元化模式也都不同程度地出现了危机。上述问题进一步揭示出当前美元主导的国际货币体系的本质，即这一体系主要凸显了发达国家金融资本的利益诉求，不利于大多数发展中国家的发展，该体系本质上的不公平加剧了世界经济失衡。事实上，随着经济全球化的深入发展，世界各国形成了"你中有我，我中有你"的人类命运共同体，美元主导的国际货币体系所产生的巨大的负外部性不仅侵蚀了广大发展中国家的利益，同时，也使发达国家本身深受其害，即使是美国也深受这一国际货币体系的负面影响。因此，推进构建以"人类命运共同体"为核心价值观的国际货币体系改革迫在眉睫。本章的分析为进一步分析并研判国际货币体系的改革提供了翔实的现实依据。

第五章

国际货币体系改革的构想

当前以美元为主导的国际货币体系在某些方面与布雷顿森林体系高度相似。其一，两者都以国别信用货币——美元作为国际基轴货币；其二，两者的治理结构都以发达国家为主导，更多地体现了发达国家的利益，在一定程度上忽略了发展中国家的利益，话语权严重失衡；其三，两者在国际收支调节、稳定汇率以及金融危机救助等功能性方面存在一定缺陷，这也是其可持续性饱受质疑的根本性原因。当然，上述两种国际货币体系也存在着诸多不同，最为突出的一个方面是，在布雷顿森林体系下，美国既享有美元本位制带来的各种利益，同时也肩负着维持美元价值稳定，维护国际货币体系秩序的责任。因此，布雷顿森林体系在一定程度上兼顾了责任与利益的共担。

1971年，尼克松政府宣布美元与黄金脱钩，标志着布雷顿森林体系崩溃。这一事件被称作人类金融史上最严重的信用违约。美元与黄金脱钩"解放"了美元，却也完全打破了责任与利益共担原则，使美国可以以几乎为零的成本攫取世界财富，并由此引发了全球经济失衡、国际金融危机等一系列问题。

责任与利益共担是人类命运共同体的基本原则。人类命运共同体是责任共同体与利益共同体的有机结合。责任的共担与利益的共享并不意味着所有国家的责任和利益都是平等分配的。大国与小国、发达国家与发展中国家之间不仅利益诉求存在差异，而且承担国际责任的能力也存在差异。当前国际货币体系改革面临的一大难题便是责任与利益的失衡，这突出表现为发达国家主导货币金融规则的制定，利用规则的非中性谋取自身的利益。而众多发展中国家没有能力，也没有机会参与其中。当发展中国家要求改革国际货币体系中的民主化问题时，某些发达国家的心态出现了失衡，试图推脱大国应尽的义务。

结合已有研究和国际货币体系改革的现实问题，立足人类命运共同体的价值观基础，本章关于国际货币体系的改革构想将从四个方面展开论述，分别是国际储备货币体系改革的构想、国际汇率制度体系改革的构想、国际基金组织改革的构想，以及国际金融监管体系改革的构想。本章内容在归纳学术界已有研究的基础上，明确本书对相关问题的观点。

第一节 国际储备货币体系改革的构想

对国际储备货币体系改革的构想分为两个层面：一是对业已形成的国际储备货币体系改革构想予以总结；二是在此基础上论述多级主权信用货币体系的可行性。

一、国际储备货币体系改革构想概述

2008年国际金融危机以后，以美元为核心的国际储备货币体系正备受质疑。国际金融危机过后，美国持续的量化宽松政策已加剧国际货币体系的不稳定局面。若实现全球经济的健康稳定发展，对现行国际储备货币体制进行改革刻不容缓。

国内外对于储备货币体系改革主要集中于三个方面：其一，努力维持目前主权货币体系，采取各种措施弥补美元本位制度缺陷，进而实行多元化储备货币体制。其二，建立实物储备货币体系，避免信用储备货币体系弊端。但无论恢复金本位还是建立碳本位，均缺少现实基础，无法从根本上解决国际货币体系动荡难题。其三，建立超主权国际信用货币体系。国内学者多数比较支持此类观点。

（一）维持现有的主权信用货币体系

2008年国际金融危机过后，促进国际货币体系多元化改革成为当前国际社会的普遍共识，也成为现阶段国际储备货币体系改革重要的方向。很多学者认为，多元化国际货币体系有利于形成多个国际区域货币竞争的格局，能够有效改变美元霸权局面（陆前进，2010）[190]。同时，多元化国际储备货币体系以现有国际货币体系为基础，能尽量避免制度演进过程中的经济和政治阻力，且包容性更强，能够更好地代表全球各经济体的利益（李稻葵、尹兴中，2010）[191]。

国际储备货币多元化改革以现有储备货币的格局分布为基础，主要改革方向有两个：

第一，以美元为主，其他储备货币为辅的补充型多元储备货币体系（王元龙，2009[192]；戴相龙，2011[193]；管涛，2009[194]）。持这种观点的研究者认为，未来国际储备货币体系的改革仍然是主权信用货币体系为支撑，但多元化储备体系将替代美元垄断的单极化储备体系，而美元仍然是多极化储备中占主导地位的一极。

第二，以美元、欧元和其他货币为主要储备货币的三极式储备货币体系。对于国际货币体系的未来走势，张明、覃东海（2005）在2008年国际金融危机爆发之前论证了美元作为国际货币体系本位货币可能存在的诸多问题，并指出未来将是三大货币区鼎立态势下的资源流动模式，这三大货币区是美元区、欧元区和亚元区[195]。金融危机爆发后，张明（2010）再次强调，未来储备货币多元化的格局可能是美元、欧元与亚洲货币三足鼎立的局面，这将是更加合理的国际储备货币体系的演进方向[196]。武建东（2009）则明确，未来的国际货币体系会是美元、欧元和人民币三大货币主导的国际货币体系[197]。

(二) 建立实物储备货币体系

关于建立实物储备货币体系主要分为三种观点，即重回金本位、建立碳本位的储备货币体系以及"黄金+碳金融"的储备货币体系。

1. 重回金本位储备货币体系

在国际金融危机爆发后不久，世界银行行长罗伯特·佐利克便呼吁让黄金在新国际货币体系中发挥一定作用（Chris Isidore，2010）[198]。2012年8月，在美国佛罗里达州坦帕召开的美共和党全国代表大会上，重返金本位制被正式提出（王立荣、秦卫波，2012）[199]。传统金本位储备货币体制受黄金产量限制，天生具有货币发行的约束性，不能满足生产力不断提高、物质被不断创造的需要。但金本位的优势也很明显。在此基础上，可以发达的金融衍生工具为媒介建立新的金本位货币体系。该体系不依赖实际黄金储备，摆脱以此为基础发行货币的限制。通过各国中央银行制定本国货币按固定比率购买黄金的远期合约意愿，以远期预期为基础，通过市场的力量判断和发行货币。这种机制能够充分发挥市场机制作用，市场投机行为成为稳定长期黄金买卖市场的动力，能够保证黄金与信用货币间的价格逐渐趋向于均衡价格。

这种新的金本位制度能够规避传统金本位和单极储备货币体系对全球经济发展的制约，可以有效缓解国际收支调节和国内经济平衡间的矛盾。但对金融市场的发展程度和国际金融的监管水平提出较高要求，是维持上述体系发展的必要条件。

2. 碳本位储备货币体系

随着碳排放权交易的盛行，碳排放权交易市场的建立和碳金融市场的崛起，针对碳排放权定价权的争夺越加激烈。传统以美元、欧元为定价货币的交易模式必然会使发展中国家在未来的碳排放权交易中继续承担损失，因此，以碳排放权为本位货币的构想应运而生（Judith，1995）[200]。管清友（2009）[201]、Jillian（2008）[202]等均认为碳排放权具有商品货币的特点，是一个类似于货币的资产。建立碳货币不仅能有效控制温室效应（Victor and House，2004）[203]，更有可能成为未来的货币（Gething，2005）[204]。

建立碳本位储备货币体系需要国际上各国政府对碳排放权相对价值的认定，在此基础上形成"碳币"，进而在不同碳币之间形成汇率交易市场。之后由各国共同建立"碳银行"作为碳货币的发行主体，并最终在各国政府间形成透明的、便于监督的碳汇率机制安排。碳本位储备货币体系具有明显的优点：受大气可承担碳排放量的容量限制，可以有效控制碳货币发行上限，能够避免国际储备货币发行过程中的贬值问题。碳货币供给以全球经济可持续发展为目标，能够有效约束不同国家之间的利益博弈行为。碳货币制定以碳排放权交易为基础，而碳排放权量则以科技进步和产出程度为基础，能够有效衡量产出过程中的货币需求量。

但这种依靠政治力产生的货币公信度较弱，而且关于碳货币价值的确定、碳排放权分配等问题仍需各国长期博弈才能制定，增加更多的交易成本。

3. "黄金+碳金融"的共同货币制度

长江商学院课题组（2013）提出可建立由传统储备黄金和碳排放权相结

合的共同货币,能够有效保证共同货币的币值稳定和供给的有序性,是稳定国际货币体系需求和解决特里芬难题的有效方式。上述设想将 IMF 作为共同货币的监管和执行机构。根据各国 GDP 和经济发展情况分配碳排放指标,该指标与碳券价值对应[205]。共同货币需各国政府以主权货币或 IMF 中的储备头寸等作为支付本金,而黄金则作为支付利息的货币。在上述机制下,能够绑定共同货币和环境进而约束各国的主权货币,有效解决黄金作为储备货币难以流通的难题。由于共同货币与黄金和碳排放权挂钩,又可保证该币值的稳定和有序供给。若上述机制成立,则各国对主权货币的发放需依赖于各国在自由交易 IMF 发行的金边碳券过程中形成的碳券储备量,而 IMF 则可通过回购等公开市场手段和其他货币手段和财政手段调节共同货币发行数量。"黄金+碳排放权"的共同货币制度是布雷顿森林体系的变种,该体系仍保证各国主权货币的发行权,但改变了传统布雷顿森林体系的黄金储备硬约束限制。

(三) 建立超主权国际信用货币体系

建立超主权国际信用货币体系的观点主要考虑到主权货币同时作为国际货币难以避免特里芬两难的困境,由于特别提款权(SDR)的创建本身即为对超主权货币的尝试,因此,大多数研究主张在改革 SDR 的基础上创建超主权国际信用货币体系。

SDR 诞生于 1969 年。根据《国际货币基金组织协定》中"促进对国际流动性更好地实行国际监督,并使 SDR 在国际货币体系中成为主要的储备资产"的要求,目前 SDR 与预期相去甚远。原因有五:其一,SDR "货币篮子"选择以发达国家货币为主,无法避免美元本位下的系统性风险;其二,缺少 SDR 清算体系,不能真正作为交易货币用于支付;其三,缺少国家信用和资产保证;其四,限制私人投资者参与,降低市场流动性;其五,发行机制和运行机制比较烦琐。但由于 SDR 参考"篮子货币"定价,保证其币值的稳定性,同时理论上能够满足国际社会的储备需求,并改善传统体系下的不对称影响。因此,尽管 SDR 仍存在许多不足,但有些学者仍非常肯定 SDR 的积极作用,但建议应对其进行根本性的改革(周小川,2009)[206]。

针对 SDR 的改革主要体现在以下方面:一是增加 SDR 定价"货币篮子"权重,将新兴市场国家货币和黄金纳入 SDR;二是减少 IMF 的预算约束限制,根据信用需要分配 SDR,提高危机救援效率;三是完善 SDR 定价和发行机制,建立SDR结算机制和清算系统，推动SDR在国际贸易和大宗商品结算中的定价、计价功能，使其成为国际主流认可的支付手段；四是拓展SDR持有主体范围，并利用市场发行SDR债券和其他金融衍生产品，让市场发挥更多的作用；五是进一步满足和协调不同利益国家、不同发展水平国家对SDR的多方位诉求。

在SDR方案基础上，林毅夫（2013）提出"纸黄金"的方案，充分借鉴黄金特性，又避免了黄金的传统弊病，根据经济增长情况发行货币。这种方式能够避免信用货币带来的国家利益与全球利益的冲突问题，也能保证各国拥有独立的货币政策和财政政策制定权，防止欧元区问题的出现[207]。当然，上述方案与SDR一样，在发行和国际协调方面存在很多困难，例如，超主权储备货币的币值难以维持稳定，如何确定超主权货币的发行量是难以解决的难题等（董彦岭等，2010）[208]。

二、多极主权信用货币体系的可行性分析

尽管现行国际储备货币体系具有天然的缺陷，但除美国之外，其他经济体也很难满足国际储备货币体系变革的硬性条件，因此，很难在短期之内做出巨大的变革。基于此，本书认为运用合理手段弥补现行储备货币体制不足成为现阶段最好的改革模式。

1. 完善美元本位制度

对于现阶段美元本位的储备货币体制下存在的诸多问题，可以从以下几个方面进行补充和完善：

（1）加大双边和多边货币互换力度。所谓货币互换，即政府在规定期限内将协定范围内本国货币与其他国家进行交换的交易。通过官方货币互换，能够及时迅速地满足资本市场对流动性的需求，有利于缓解政府的短期融资压力，提高金融市场信息的公开度，控制金融危机的传播速度。对于新兴市场国家而言，有效使用货币互换工具能尽量减小对外汇储备的依赖程度，也能有效降低储备资产的福利损失，进而降低外汇储备积累的审慎动机（Aizenman and Pasricha，2010）[209]。当然，提高货币互换频率和规模对于提高国际市场上的本币需求，提升本国货币的国际地位也具有明显的支撑效果。在《清迈协议》的促使下，双边和多边货币互换协议迅速开展。经验证明，有效

的货币互换能够显著降低金融危机爆发风险。

(2) 提高国际政策协调水平。现代国际储备货币体系存在的最大的矛盾和冲突就在于发达国家和发展中国家在国际货币方面的地位差距,导致储备货币发行国过多分享储备货币发行的便利和收益,在承担相应责任和义务方面缺位,而发展中国家则往往承担过高的外汇储备成本。从上述角度出发,可以考虑通过国际政策协调对强势国家予以规则约束缓解上述矛盾。无论"金砖五国""新钻十一国"还是"基础四国"等,均以新兴经济体力量联合发展的方式逐渐在国际体制内发声,尽最大可能为自己争取利益。通过G20国际政策协调以逐步展开,针对货币政策和财政政策的不同职能和属性采取有区别的协调模式。做好储备货币发行国基础货币发行的约束机制设计,同时也需有效监管约束发行国政府境外债水平。通过约束机制实现对弱势国家利益的维护。

(3) 加强区域货币储备体系建设。美元本位在国际储备货币体系下的强势地位还反映在美国在其他国际组织的影响方面。目前,国际货币基金组织是全球规模最大、组织结构最完整的国际金融组织,也是弥补美元霸权缺陷的最有力的制度约束。然而,各种经验表明IMF的影响力逐渐减弱,其内部缺陷已经限制了其对国际金融的管理能力。美国、日本和欧盟等主要储备货币发行国占IMF超过53%的投票权,且美国拥有一票否决权,就某种意义上而言,IMF已经成为美国控制国际金融市场的工具之一。加强区域货币储备体系建设,能够有效弥补IMF在解决国际金融危机时的作用,并弱化IMF在美国追求自身利益诉求中的影响力。这种区域储备货币体制在处理国际金融危机时更具有机动性、灵活性,而且由区域储备货币发起国家决定储备货币使用情况,提高救援机制的利用效率。

2. 多元化储备货币体系

短期内美元本位的单极核心储备货币体制难以动摇,甚至由于美国超强的国内政治、经济和军事的综合实力支撑,美元将在相当长时期内是国际货币体系的主导货币。因此,以美元本位为基础,发展欧元、人民币等货币组成多元化的货币体系,甚至在此基础上能够协调双边和多边汇率,必然有利于全球经济的健康稳定发展。当然,上述过程也需要美国、中国、欧盟等国家和地区的长期协调。

现行的单极国际储备货币体系不具备系统相容性,因此,必然出现某些区域货币承担起世界货币的责任和义务。与完全多极化的储备货币体系预想相比,三极鼎立的储备货币模式更符合现阶段各国货币的成长需求。欧元是现阶段三极中第二极的有力承担者,对于第三极的选择则主要集中在人民币或其他区域货币方面。根据目前国际经济潜力来看,亚洲区域出现第三极货币的可能性较大。

尽管对未来国际储备货币多元化改革有很多预判和猜想,但必须清楚地看到国际储备货币对货币要求的严格:币值稳定、交易费用低、透明度高。严格的约束条件已经将很多货币拒之门外。另外,2008年国际金融危机尽管对美元霸权提出质疑,但其他主要货币包括欧元仍与其具有很大差距,而且危机过后的处理过程更在某种程度上强化了美元的霸权地位。

第二节 国际汇率制度体系改革的构想

国际汇率制度体系改革的构想从三个层面展开,首先,对1976年以来的汇率制度安排进行总结和评价,其次,对国际汇率制度选择的影响因素、现实状况展开分析,最后总结国际汇率制度体系构想。

一、1976年以来的汇率制度安排与评价

布雷顿森林体系瓦解之后,国际主要货币均实行浮动汇率制度,国际货币不再通过明确的国际货币秩序约束自身行为。直到1976年,由国际货币基金组织牵头签订《牙买加协议》,开始实行以信用货币为本位货币,彻底摒除贵金属对本位货币供应的约束限制,各国开始独立选择何种浮动模式的汇率制度体系。与布雷顿森林体系相比,牙买加体系并无强制性约束限制各国货币的汇率,是无约束的高自由度的汇率制度模式。

1. 牙买加体系的制度特征

(1) 多样化的国际收支调节方式。牙买加体系正式确认浮动汇率制度的合法性,市场可以作为调节货币价格的有效手段,彻底改变以前固定汇率体

制下国际收支调节方式单一的情况。新的汇率制度体系下，政府可根据自身经济发展情况有针对性地选择国内经济政策，调整外汇市场货币供给，也可以选择国际经济合作模式处置国际收支失衡问题。

(2) 多样化的汇率制度模式。牙买加体系赋予各国政府自主选择汇率制度模式的权利，不再对汇率制度进行统一安排。实际上，1976年之后，各国政府根据自身需要选择多种模式的汇率制度安排。既存在典型的自由浮动汇率制度，也有完全美元化的固定汇率制度；既有软盯住的汇率制度安排，也有硬盯住的汇率制度选择。国际汇率制度安排越来越倾向于多样化发展。

(3) 多样化的储备货币。受布雷顿森林体系影响，选择储备货币时各国仍受"路径依赖"限制多选择美元作为储备货币。实际上，美元作为交易货币、投资货币和储备货币的功能仍在继续延续。但与此同时，也有其他货币介入国际储备货币体系。如特别提款权（SDR）、欧元、英镑、日元、澳元等，甚至新兴市场国家货币（如人民币）也逐渐被纳入国际储备货币之中。

2. 新汇率制度体系下的汇率制度安排

牙买加体系赋予各国自行选择汇率制度的权利，各国可根据国情选择或制定符合自身需求的汇率制度。1976年是汇率制度发展的"分水岭"，至此之后，国际汇率制度体系日趋多元化。2009年，国际货币基金组织调整汇率制度分类方式，将之前的八类调整为三大类、十小类。多数发展中国家采取软盯住汇率制度，即选择盯住或以中间汇率制度安排为主。而美国、欧元区和日本等则采取浮动汇率制度。2008年国际金融危机之后，各国对汇率制度安排选择有所变化，越来越倾向于其他有管理的汇率制度安排，选择完全自由浮动汇率制度的国家比重明显降低。

3. 牙买加体系汇率制度安排的简单评价

尽管布雷顿森林体系缺少灵活性和固有的约束性，但可以尽量规避国际金融危机的发生频率。以国际信用为基础的牙买加汇率制度体系，缺少约束国际货币行为的制度，尽管增加了各国汇率制度选择的灵活性，但也同样提高了金融危机爆发的风险。但不能否认牙买加体系的优势：清偿货币多元化能避免单一盯住汇率制度下容易出现的信用缺失问题。布雷顿森林体系由于美元信用不足而最终崩溃。多样化汇率制度能够适应不同国家不同经济发展阶段需求，提高各国调节国内经济的灵活性和手段的多样性。同样，牙买加体系也具有一些明显的缺点：以信用维系的国际汇率制度体系使关键货币发行国缺少责任约束，其既可以通过发行关键货币实现铸币税收益，也可自行调节国内财政与货币政策，导致国际金融体系的动荡不安。浮动汇率制度允许金融市场调节外汇需求，但市场满足需求会产生时滞，必然提高汇率市场的波动性和国际贸易成本。容易造成个别国家持续性的国际收支失衡，增加国际金融危机风险。

二、国际汇率制度的选择

选择主权货币作为锚货币，必然面临"特里芬难题"，不利于国际金融体系的健康稳定发展。关于如何选择汇率制度问题，学者并未给出明确答案。但不可否认，如何选择适合本国经济的汇率制度是国际汇率制度体系改革的重要内容，而各国实行汇率制度改革的最终目的在于建立稳定有序的汇率系统，寻求稳定可靠的汇率稳定机制。对于发达国家或可发行关键货币的国家而言，必然选择自由浮动汇率制度。而其他国家在选择汇率制度时则面临许多问题和困难。

1. 国际汇率制度选择的影响因素

（1）传统"原罪论"和"害怕浮动"论。对于国内金融市场发展不健全的国家而言，本国货币在国际市场缺少公信力，难以实现本币在国际市场信贷，这样必然导致政府在国际市场进行外部信贷或投资时出现期限错配或货币错配问题，上述情况称为"原罪"（Original Sin）（Eichengreen and Hausmann，1999）[210]。若原罪广泛存在，则国家必然实行固定汇率制度、盯住汇率制度或者软盯住汇率制度，以避免本国提高利息和本币贬值时，对部分依靠外债生存企业造成的破产风险。对于部分国家而言，"荷兰病"是困扰其汇率制度选择的主要难题，导致自身恐惧汇率出现浮动，迫使其选择对某些货币在一定幅度内盯住的制度。

（2）宏观经济稳定论。影响国家选择汇率制度的因素难以受单一要素影响，国家的通货膨胀率、贸易发展程度、经济规模、资本流动情况甚至外债结构等都会影响国家选择汇率制度的判断，但宏观经济稳定论认为，国家选择汇率制度的根本目标是为实现宏观经济的稳定运行。如若以减小货币危机发生的概率为稳定目标，则国家应该优先选择盯住汇率制度（Taro Esaka，2010）[211]；若国家容易受到货币需求变动的冲击，则应优先选择固定汇率制；若技术和需求变化而引起的商品冲击较强，则应该选择灵活的汇率制度；外部冲击较多则适合浮动汇率制度，内部冲击较多则适合盯住汇率制度；浮动汇率制度有利于解决金融体系冲击引起的经济问题，而固定汇率制度则有利于缓解实体经济危机（Amartya Lahiri et al.，2007）[212]。

（3）政治偏好决定论。1990年后，部分学者开始关注政治因素对国家汇率制度选择的影响。国内利益集团会根据国内外业务偏好有针对性地选择汇率制度（Frieden，1991）[213]。非贸易品生产部门的利益集团倾向于选择浮动汇率制度，以提供更灵活的货币政策实现国内的物价稳定。以国际贸易和投资为主的生产部门利益集团则倾向于选择固定汇率制度以锁定国际交易中的外汇风险。从党派角度来说，左翼政党更为关注失业率问题，因此倾向于选择浮动汇率制度以利用灵活的货币政策调节国内就业。与之相反，右翼政党更关注通胀水平，因此倾向于选择固定汇率制度通过名义锚稳定物价。

2. 各国对汇率制度的选择

汇率制度应服务国内经济，即国家应根据本国国情选择适合自身经济发展和金融管理水平的汇率制度。因此，汇率制度选择应该是弹性的动态调整过程（钟红，2006）[214]。

金融危机以后，各国的汇率安排呈现出一些新的特点（见表5-1）。与金融危机爆发之初比较，实行自由浮动汇率制度的国家比重有所下降，实施传统浮动汇率制度的国家在2009年有所增加，但从2010年开始持续减少，甚至不足20%，但2016年采取这一汇率制度的国家占比回升至20.8%，随后在2017年降至19.8%。金融危机促使各国重新寻找货币锚，这直接导致部分国家放弃原有的浮动汇率制度。与浮动汇率制度的情况相比较，采取硬盯住汇率体制的经济体占比有所上升，软盯住汇率制度的经济体占比在2013~2015年上升明显，2016年有所回落，随后又在2017年升至42.2%。在软盯住汇率制度的细分环节，类爬行盯住制变化较为明显，从2008年的1.1%逐渐上升，到2015年达到最高值10.5%。

另外一个值得关注的变化是汇率安排中的"其他管理安排"，这一类汇率制度在危机之初，有8%的成员国采取这种汇率体制，危机之后的两年均增加到 11% 以上，尽管在 2011 年和 2015 年有所下降，但 2016 年则回升至 10.4%，随后又在 2017 年降至 9.4%。这表明采取一定程度的汇率管制但未明确属于前面三大类汇率制度的经济体占比有所增加，这主要是各经济体受到其国际收支方面的影响以及货币贬值压力的影响而采取更加灵活的汇率体制。

表 5-1　2008~2017 年 IMF 成员国汇率制度安排情况　　单位：%

汇率安排	2008 年	2009 年	2010 年	2011 年	2012 年	2013 年	2014 年	2015 年	2016 年	2017 年
硬盯住	12.2	12.2	13.2	13.2	13.2	13.1	13.1	12.6	13.0	12.5
无独立法币	5.3	5.3	6.3	6.8	6.8	6.8	6.8	6.8	7.3	6.8
货币局	6.9	6.9	6.9	6.3	6.3	6.3	6.3	5.8	5.7	5.7
软盯住	39.9	34.6	39.7	43.2	39.5	42.9	43.5	47.1	39.6	42.2
传统盯住	22.3	22.3	22.3	22.6	22.6	23.6	23.0	23.0	22.0	22.4
稳定化安排	12.8	6.9	12.7	12.1	8.4	9.9	11.0	11.5	9.4	12.5
爬行盯住	2.7	2.7	1.6	1.6	1.6	1.0	1.0	1.6	1.6	1.6
类爬行盯住	1.1	0.5	1.1	6.3	6.3	7.9	7.9	10.5	5.2	5.2
汇率区	1.1	2.1	1.1	0.5	0.5	0.5	0.5	0.5	0.5	0.5
浮动制	39.9	42.0	36.0	34.7	34.7	34.0	34.0	35.1	37.0	39.5
浮动	20.2	24.5	20.1	18.9	18.4	18.3	18.8	19.4	20.8	19.8
自由浮动	19.7	17.6	15.9	15.8	16.3	15.7	15.2	15.7	16.1	16.1
其他管理安排	8.0	11.2	11.1	8.9	12.6	9.9	9.4	5.2	10.4	9.4

资料来源：来自 AREAER（Annual Report on Exchange Arrangements and Exchange Restrictions）2017 年年报。

三、国际汇率制度体系改革的构想

关于汇率制度选择的争论一直不休，无论中间汇率制度还是两极汇率制度似乎都无以为继。除美国等强势货币国家外，其他国家和地区均难以通过汇率制度选择从根本消除货币大幅度波动和金融危机的威胁（李晓、丁一兵，2003）[215]。对此，对国际汇率制度体系改革又提出众多构想。

1. 更具灵活性的汇率制度安排

国际汇率制度体系改革牵扯内容较多，由于目前关于汇率制度选择收益与成本讨论的争议较大，可以判定国际汇率制度体系在一定时期之内并不会发生重大变化，但不排除国际汇率制度应该向更为灵活方式转变的可能。其中，各国之间进行汇率政策协调是可能的途径之一，如徐明棋（2006）指出，国际汇率制度体系改革需要发达国家和发展中国家的共同努力和协调，然而由于两者利益差异较大，因此，短期内很难在核心改革方面取得重大突破[216]。

2008年美国次贷危机引发的全球性金融危机，对世界主要经济体均产生了持续的负面影响。发达经济体的GDP增长率从2007年的2.689%，一度陷入负增长（2009年为-3.406%），尽管2010年增速有所反弹，但2011~2013年，连续三年经济增长率低于2%。与此同时，新兴经济体和发展中国家却表现突出，金融危机后年度经济增长率均超过4.25%。同时，受到中国经济强劲增长的支持，新兴市场和亚洲发展中国家的年度经济增长率自2007年起均超过6.45%，即使是在全球经济陷入负增长的2009年，这一经济体的GDP增长率仍然达到7.509%①。近年来，发展中国家和新兴经济体国家对世界经济的贡献逐渐增加，根据2016年博鳌亚洲论坛发布的《新兴经济体发展2016年度报告》，二十国集团中的十一个新兴经济体在2015年对全球经济增长的贡献度为52.9%，而G7国家与欧盟国家对全球经济增长的贡献度分别为22.9%和12.2%。另外，根据《世界经济展望》2019年4月的报告，新兴市场和发展中国家对全球经济增长的贡献已经超过77%，与二十年前相比几乎翻了一番。其中，中国经济的持续快速增长令全球瞩目。在"十二五"期间的持续稳定增长保持了中国对世界经济增长的年均贡献度超过30%。上述数据表明，世界经济格局已经开始转变，发达国家已经不能，也无力独自承担起全球经济治理的重任。缺少发展中国家的参与，许多全球性经济问题是无法得到解决的。全球治理不再是"西方治理"，而是从一个由少数发达国家"说了算"的旧格局，进入一个发达国家、发展中国家共商共量，走向公正合理的人类命运共同体新格局。因此，随着国际合作机制的日益发展，应该发挥更具代表性的国际合作机制如二十国集团（G20）的作用，中国作为最大的发展中国家也应积极推动各国汇率政策的相互协调，将已经提上议事日程的汇改目标逐渐达成。

---

① 以上经济增长率数据来自世界经济展望数据库（*World Economic Outlook Databases*），且这里的GDP增长率为不变价格的GDP增长率。

2. 多极货币的汇率制度安排

布雷顿森林体系瓦解之后,美元一度曾作为主要的锚货币存在,尽管仍居于此地位,但随着其他国家或地区的发展,对于锚货币地位的挑战也越来越多。因此,未来国际汇率制度安排可能向多极货币共存的货币合作制度方向发展。根据钟红(2006)的研究,欧元和美元分别将自然地成为东欧国家和拉美国家的锚货币,但对于东亚国家而言,自由选择汇率制度安排将在长期内存在,但最终可能倾向于发展为地区性货币合作框架[217]。实际上,亚洲在国际汇率制度改革过程中的地位越来越重要,若亚洲货币合作顺利开展,未来亚洲货币合作也将成为汇率制度中重要的一极(李扬,2010)[218]。已有不少国内研究推测未来的国际货币体系格局将是美元、欧元与亚洲货币区共同存在,从以中国为代表的新兴经济体近年来的发展也可以预测,未来的国际汇率体系改革以新兴市场为代表的发展中国家必将发挥更大的作用。

第三节 国际货币基金组织改革的构想

国际货币基金组织(International Monetary Fund,IMF)以缓解国际货币体系矛盾为己任,试图建立成员国之间良好发展、平等合作的平台。但由于机制设计缺陷,IMF在近年来缓解国际金融危机和矛盾时表现不尽如人意,对于IMF改革的声音也不断涌现。其中,改进IMF决策机制结构,平衡发达国家与发展中国家话语权的改革呼声最为强烈。从某种程度上来说,IMF决策机制结构改革远远滞后于世界经济秩序变革是导致IMF职能缺位的根本原因。在原有的经济秩序下,发达国家主导了全球经济金融一体化的发展,因此,IMF决策机制由发达国家集团的意志主导虽然存在一系列的问题,但也具有一定的历史合理性。但是,在现有的经济秩序下,发达国家无法以一己之力主导全球经济的运行,发展中国家对全球经济的影响与日俱增。在这种平等的人类命运共同体格局下,旧有的IMF决策机制必然会导致一系列的问题。从现实来看,虽然IMF份额和投票权改革一直在推进,发展中国家集体决策权力也因此日益增长,但这些边际改良仍未触及IMF决策机制根深蒂固的问题。例如，美国始终具有事实上的"一票否决权"。因此，构建符合人类命运共同体核心价值观的 IMF 治理架构，是解决当今及未来全球经济金融困境的根本途径。

一、国际货币基金组织的治理结构设计

1. 调整 IMF 份额和投票权

（1）改革 IMF 的份额分配机制。对分配机制改革主要目的在于改变目前份额分配格局，提高发展中国家比重，改善发达国家和发展中国家权力失衡的局面。

其一，扩大 IMF 的基金份额。IMF 资金规模决定救助能力，是维持国际金融稳定的重要手段。以 IMF 成立之初世界经济 GDP 核算，目前，IMF 资金规模应该扩大 5 倍以上。

其二，修改 IMF 份额分配公式。尽管份额分配公式在 1963 年和 1983 年经过两次修改，但仍不能满足目前份额分配需求。份额分配公式修订最大的难度在于其目标是扩大发展中国家的话语权，但修订工作需征得至少 85% 的投票权才能通过，这也是份额修改工作悬而未决的关键原因。排除上述原因，关于份额分配公式调整的呼声越来越高。包括 IMF 执行董事会也赞成简化现有共识，并将资本流动纳入公式之中的建议。同时，需考虑新兴市场国家对 IMF 份额的需求，因此，有专家建议应考虑将 GDP 进行购买力评价后作为修订份额的重要指标（Houtven，2004）[219]。发展中国家则建议将人口、发展潜力和原材料供给能力纳入份额分配公式之中（孟国碧，2002）[220]。但上述建议均很难征得 IMF 现有机构的同意和支持。但可以肯定的是，IMF 份额分配公式需尽量体现分配公正合理，因此，应努力在保证发达国家作为最大股东的基础上提高发展中国家的持有份额。

（2）改革投票表决机制。对投票表决机制的改革主要体现在以下两个方面：

其一，应扩大基本票在总投票权重的比重。现有的投票表决机制中，在按成员国份额分配基础上也分配了等额的基本投票权。但投票权总量增加而基本投票权变动很小，导致基本投票权的比重在 IMF 的发展过程中却逐渐下降，可以认为，基础投票权在投票过程中的地位已经名存实亡，这更不利于

发展中国家的投票地位。因此,应该扩大基本票在总投票权中的比重,改善目前发展中国家的不利局面。

其二,提高发展中国家的投票权。根据现行分配机制,发达国家在IMF的投票权重占绝对优势,若考虑发达国家担任执行董事的投票权则发达国家控制的投票权远超发展中国家。因此,IMF可以进行决策的重大事件包括扩大基金规模、汇率制度安排和其他资源分配等基本由发达国家主导。对此,应考虑弱化欧盟的总份额和投票权(Boughton,2004)[221]。同时,应考虑东亚经济体和其他新兴市场国家的经济发展情况,根据经济发展水平调整投票权份额。

2. 改善IMF的内部决策机构

理事会是IMF最高决策机构,重大问题均由理事会决定,对执行董事会具有监督权。而执行董事会主席和成员则根据IMF基金份额进行分配。在执行董事会总裁选拔、组织人员构成方面,需要进一步完善和改革。

(1)提高IMF总裁选拔的透明度。IMF总裁兼任执行董事会主席,是决定IMF决策方向的核心职位。到目前为止,欧洲人担任IMF总裁,美国人担任世界银行行长已成为发达国家的默契行为。欧盟成员国在IMF中的份额超过美国和日本,使其在IMF决策中具有主导地位,但美国拥有一票否决权成为制衡欧洲的有力工具,对于IMF总裁的聘任和选拔工作也成为美国、欧盟等国家政治势力角逐的产物。IMF内部也认为,现行的选拔制度存在问题,提出关于总裁候选人的选拔标准应被修改或完善(IMF,2001)。其他发展中国家对提高IMF总裁选拔透明度的呼声也日渐高涨,其选拔发言权也有一定增加。但未来变革中,只有进一步规范选拔标准才能使IMF的决策行为更加公正合理。

(2)增加发展中国家在执行董事会中的比重。根据基金份额分配,执行董事会席位必然导致人员构成以发达国家为主。现有的执行董事会席位中,亚洲和非洲共有24个席位中的7个。根据购买力平价计算的GDP份额,亚洲已经超过欧洲,足以证明现在人员构成的不平衡性。若不改变现存问题,必然导致发展中国家不能发表意见、不能分享共同利益,最终会影响IMF的运行效率。

(3)提高IMF工作人员的业务素质。IMF的主要贷款扶持对象为发展中国家,因此,需要工作人员对上述国家基本国情更了解才能有针对性地确定扶持力度，这对人员构成的多元性和业务能力提出更高的要求。一方面，IMF应扩大工作人员招收范围，提高工作人员来源地区的广泛性；另一方面，招聘工作人员时应更注重专业素质和业务能力，保障专业知识结构的多样化，以更能够有效处理发展中国家经济转型时期面临的多样性问题。

二、国际货币基金组织的监管机制设计

IMF主要通过全球监督、国别监督和地区监督来实行自身的监管职能。但随着国际形势的变化，IMF的监督职能已经不能满足经济发展需求。G20的财政和央行行长均呼吁应该改革IMF的监督框架。

根据《国际货币基金组织协定》规定，IMF对成员国的监管主要体现在汇率制度和宏观经济政策选择这两大方面。对国际金融市场和国际流动资本的监管不足，主要依靠各个国家自身的法规进行监督。但多次金融危机表明，无论发达国家还是发展中国家，在监管国际市场、国际资本流动甚至国内金融风险方面均存在不足，导致高危金融风险频发。对此，应扩大IMF的监管范围，从制度安排和组织结构上加大对国际金融市场、国际资本流动的监管力度。

另外，IMF与其他国际组织一样虽具有协议性和契约性，但组织结构松散，并不具备强制性命令能力，在执行监管职能方面的权威性或者执行力不够。对此，应建立国际合作的监管体制安排。IMF在总结危机经验教训时指出，尽管IMF对部分金融危机提出预警，但并未能引起相关国家的重视和政策反应。因此，应加大国家合作平台建设，加强与WTO、世界银行等国际组织的合作协调，改变关系混乱、执行力不足的情况，能够真正磋商、解决国际金融问题。同时，也应该建立有效的成员国金融信息披露制度。IMF在财政、数据公开等方面已出台相关决定，但基本上以成员国的自愿原则为基础，尽管对提高各国的经济透明度具有一定作用，但对于高度敏感内容或其他政策信息的公开并不主动，限制了IMF对国际金融形势的判断能力。因此，应该加大成员国对重要经济信息的披露力度。当然，也应该赋予IMF一定的信息采集权以加强对国际流动资本的控制和监管能力。最后，也应该提高IMF的执行能力和制裁能力。IMF现有的制裁能力仅包括强制退出和剥夺贷款权利，并无外部机制制约成员国行为。因此，可借鉴WTO在处理贸易争端机制方面的经验，利用金融制裁或其他方式加大对成员国行为的约束力度。

三、国际货币基金组织的救援机制设计

IMF 以防范危机发生、蔓延和恶化为目标,通过各种手段协助危机发生国渡过困难,最大限度降低危机带来的不良影响。IMF 对危机的救援力度取决于多方面,既包括资金规模也包括内部决策机制和权力分配情况,当然,也在一定程度上限制了 IMF 对危机救助的效率、力度和反应速度。IMF 的危机救助主要表现为以下三个方面:其一,降低经济增长指标,实行紧缩性财政政策提高税收并减轻货币政策压力,防止危机国货币大幅度贬值和金融相关机构资产负债表恶化;其二,敦促成员国进行金融机构改革,使危机发生国能满足国际清算银行要求的资本比例;其三,推进国有企业和商业银行的市场化改革,尽量减小政府对经济的干预。

从 IMF 已有的救助表现来看,IMF 对危机发生国的救助更多关注汇率稳定等外部经济平衡方面。依托于自由市场经济理论,推行金融自由化改革和经济开放。一旦危机发生国发生货币贬值,则注重对贬值货币国际信用的维持。但 IMF 在救助过程中表现出明显的政治利益色彩,大国集团对 IMF 施加给发展中国家的救助条款往往限制条件苛刻。这种政治意味浓厚的附加条件,已然背离了 IMF 的初衷,也不符合人类命运共同体的价值观取向。人类命运共同体的价值观核心是各国平等、相互尊重、合作共赢,而不是忽略各国国情差异,一味地推进单一化的资本主义经济制度。

综上所述,尽管在亚洲金融危机和次贷危机中 IMF 均发挥救助人的角色,但最终的表现并不令人满意,在遏制短期经济衰退、缓解社会动荡等方面明显乏力。原因有多方面,总体应该从以下两方面改善 IMF 的危机救助机制:

一方面,调整贷款条件,实现 IMF 救助资金来源多元化。IMF 对申请贷款国家的要求较高,需要救助国实行金融市场开放和汇率自由浮动等条件,很多受危机冲击国家均难以满足上述条件。IMF 应该更重视国际金融体系和成员国币值的稳定,在一定程度上放松贷款要求。实际上,由于危机的传染性,只有尽快处理危机国内部事情才能更有效降低危机的负面冲击,也更有利于危机发生国的经济恢复。因此,可以考虑将上述条件限制为在危机救援成功之后实行开放政策。另外,救助资金来源多元化能够规避部分发达国家左右 IMF 援助行为的限制,使 IMF 能更关注发展中国家的利益。当然,从危

机爆发频率和规模来看，IMF 现有资金规模已不足以满足应对危机的需求，也需扩大资金规模。

另一方面，通过区域经济合作和区域政策协调，辅助 IMF 实现对危机的监督管理职能。IMF 的组织性质决定了其危机救助机制不具备权威性和合法性，因此，需要通过其他措施保证 IMF 监管功能的实现。加强区域经济合作，建立区域政策协调机制，能够促进区域内信息沟通，降低信息不对称对市场的影响和冲击。在此基础上，能有效控制区域内市场投机行为的盲目性，也便于政府实行协调性的经济政策，更有利于 IMF 对区域金融市场的监督。同时，通过区域经济合作和协调也有利于实现国际金融资源的再分配，保证资源配置的有效性，提高区域内国家的金融深化、发展能力和危机的应对能力，辅助 IMF 实现对危机的监督防范和治理。

第四节 国际金融监管体系改革的构想

一、国际金融监管机构改革的发展现状

2008 年国际金融危机将现代国际金融的制度漏洞无限放大，随着新兴市场国家力量的崛起，国际金融监管体系也面临重大调整和改革，从 G20 峰会替代 G7 峰会可见一斑。2009 年，G20 将金融稳定论坛发展为国际金融稳定理事会（FSB），赋予其主导并协调国际金融政策以及金融监管规则的制定和实施的权力。FSB 成为各国政府、国际组织以及国际标准制定机构之间相互沟通信息和交流的新平台，使国际金融监管能最大限度限制监管套利，在此基础上在全球推行宏观审慎监管防范全球系统性金融危机（张明，2010）[222]。国际金融监管改革进入新发展时期。

与前期的金融稳定论坛相比，FSB 出台正式章程来明确机构运行原则，使其拥有稳固的制度基础，其职责也有所扩展，包括以下方面：负责对国际金融体系脆弱性进行评估，通过评估结果及时辨别和审查监管行动的合理性；促进金融监管相关部门间的信息交换和交流；对全球金融市场发展情况进行

监控，并评估金融市场发展对现有监管政策的影响；提出满足现有监管要求的最佳监管方式，并对该行为进行监管；审查国际标准制定机构的政策制定情况，保证其及时、有效地完成相关工作；提供监管联席会的指导方针，并对其提供便利支持；针对系统重要性金融机构以及其他金融机构制订跨境金融风险管理应急计划；与IMF合作共建危机预警演习机制。

FSB拥有较规范的组织结构体系，将成员范围进一步拓展为主要国家的监管机关，包括IMF、世界银行、国际清算银行和OECD在内的国际金融机构以及包括巴塞尔委员会、全球金融体系委员会、国际保险监管官协会、支付结算体系委员会、国际证券监督委员会组织等在内的国际标准制定机构。现有的组织结构和成员构成与之前相比具有明显的进步性，而且改变以往美国"一家独大"的监管体制，扩大了欧洲的话语权。但新兴市场国家的话语权并未得到实质性体现。这也将成为FSB未来改革发展的努力方向。

二、国际金融监管改革的构想

未来，国际金融监管改革应更重视对金融体系资本的监管、严格监管大型商业银行、加强对非银行金融机构的监管力度，同时完善对保险业的国际监管。

1. 以国际资本监管为改革核心

1988年、2004年、2009年和2010年，巴塞尔委员会不断修正推出巴塞尔协议Ⅰ、巴赛尔协议Ⅱ、巴赛尔协议Ⅱ和巴赛尔协议Ⅲ，将资本充足率作为全球商业银行系统监管的核心指标，并提出第一支柱资本要求、第二支柱资本要求、第三支柱资本监管要求。涵盖了信用、市场、操作、资产证券化以及交易对手信用等各类风险，包括对发展战略、企业声誉、市场集中度以及利率等风险的评估，更要求加强资本质量相关的信息披露要求，从各个层面提高金融市场约束力。可以预见，对于银行体系的监管将更加关注对金融体系资本监管的要求。

2. 严格监管系统性重要金融机构

2008年国际金融危机证明，对大型金融机构信用的过度依赖最终会导致道德风险的爆发，并重创国际金融体系。尽管在政府的持续救助和财政政策、货币政策的不断调节下危机后期负面影响逐渐消退，但在此过程中严重损害了公众利益,也动摇了"大而不能倒"的传统信用基础。基于此,对于大型金融机构的监管将成为未来监管工作的主题:通过信息披露数据对大型商业银行机构从规模、关联度、复杂性、可替代性和全球活跃度五个方面评选全球系统重要性银行。对系统重要性银行的风险治理架构、审慎监管指标和金融数据汇总分析能力等各方面,加强监管强度,对其增加系统重要性资本附加要求,增加幅度将高达1%~5.5%。同时,FSB将对全球系统重要性商业银行提出总损失吸收能力的新要求,保证一旦该类商业银行进入破产程序后能够利用债务工具进行"自救",避免公共资金的救助损失。另外,将提高系统重要性商业银行在经营失败时期处置速度、透明度和可预见性,确保该类银行经营出现风险后能够通过系列手段恢复正常生产和自我生存能力,或者通过及时的资产转让处置保证将危机传递控制在最小范围内。

3. 加强对非银行金融机构的监管力度

非银行金融机构在现代国际金融体系中扮演越来越重要的角色,其金融创新工具和金融关联性也是传染国际金融危机的重要途径。因此,未来国际金融监管也将加大对非银行金融机构的监管力度,避免金融监管出现真空和套利现象。FSB已对资产规模大、金融创新复杂程度较高的非银行金融机构进行系统重要性评估,2013年,公布了9家全球系统重要性保险集团。其他大型的证券公司、投资公司和资产管理公司也在国际金融活动中扮演重要角色,根据FSB的2014年度报告显示,全球影子银行体系规模已占全球金融资产规模的1/4。因此,未来必然将对非银行、非保险的全球系统重要性金融机构进行评估监管。

4. 加强对保险业的国际监管

2008年国际金融危机的爆发使保险业意识到,通过产品、市场等渠道与其他金融行业的关联性日益增强,经营非传统、非保险业务的保险集团或保险集团的金融控股公司受到金融市场的影响越来越大,因此也可能产生或者扩大系统性风险。为此,国际保险监管官协会(IAIS)成立了宏观审慎政策和监管工作委员会(MPSSC),以考虑对保险业宏观审慎政策和监管做出清晰界定(张燕等,2015)[223]。另外,保险业近年来呈现出了跨境保险业务日益增加的态势,鉴于保险业出现的新特征,有必要在各国、各地区现存的不同的监管框架下,探寻对保险业进行宏观审慎管理的统一框架,宏观审慎监管既要监测审慎合规性，又要监测宏观经济包括金融风险的动态变化，识别系统性风险对保险业的影响，同时注重监管协作与监管平衡。

本章小结

针对现行国际货币体系存在的诸多缺陷，国内外学者提出了各种国际货币体系改革的构想。本章从四个方面展开论述，分别是国际储备货币体系改革的构想、国际汇率制度体系改革的构想、国际基金组织改革的构想，以及国际金融监管体系改革的构想。

国际储备货币体系改革的众多构想包括维持主权信用货币体系、建立实物储备货币体系、建立超主权货币体系等，本书认为，运用合理手段弥补现行储备货币体制不足是现阶段最好的改革模式。国际汇率制度体系改革的众多构想包括更具灵活性的汇率制度安排、多极货币的汇率制度安排等，本书认为，应该发挥更具代表性国际合作机制如二十国集团（G20）的作用，中国作为最大的发展中国家应坚持贯彻人类命运共同体的全球治理思想，积极推动各国汇率政策的相互协调。国际货币基金组织改革构想包括改革 IMF 的份额分配机制、改革投票表决机制、改善 IMF 的内部决策机构、IMF 监管机制和救援机制的改善等，本书认为对 IMF 的改革应该遵循的原则是使 IMF 最大限度地发挥其作为国际金融合作平台的作用，实现发达国家、新兴市场与发展中国家"共商共建共享"，构建符合人类命运共同体价值观核心的 IMF 决策机制和治理机制。国际金融监管改革目前主要体现在以国际资本监管为改革核心，严格监管系统性重要金融机构，未来国际金融监管改革应该重视对金融体系资本的监管、严格监管大型商业银行、加强对非银行金融机构的监管力度，同时完善对保险业的国际监管。

第六章

国际货币体系改革的中国参与路径

2008年国际金融危机以来，国际格局的深刻变革呼唤国际货币体系和国际金融秩序进行相应的调整和改革，构建"人类命运共同体"的中国方案应运而生。"人类命运共同体"是在经济全球化浪潮中崛起的中国提出的一个新命题，代表了中国积极参与全球金融治理，勇于承担大国责任的意志和价值观，是历史必然性、实践自觉性、理论创造性有机统一的时代产物（郝立新、周康林，2017）[224]。从国际货币体系的历史演变来看，发达国家始终掌握着国际货币体系的权利核心，而发展中国家则始终处于国际金融治理金字塔框架的低层。这种治理结构表现出十分突出的"权利—义务"非对称性，同时也降低了国际货币体系的有效性。随着发达国家的治理能力的弱化和发展中国家的强势崛起，尤其是中国的和平崛起，国际货币体系的非对称性矛盾和有效性弱化矛盾越发突出，并由此导致世界经济出现一系列重大结构性矛盾。基于此，未来国际货币体系改革的一个重要特征是以中国为代表的发展中国家将在国际货币体系中获得更多的制度性话语权，同时也将承担更多的义务，这一变革是构建"人类命运共同体"的重要基础。

随着中国经济的迅速崛起，以及人民币在全球经济中的影响力与日俱增，美元"一家独大"的局面有望被打破，国际货币体系必将走向多极化时代。2016年10月1日，人民币正式加入特别提款权（SDR）"货币篮子"，成为第五大国际货币，且人民币在SDR中的占比达到10.92%，仅位列美元、欧元之后，这也标志着人民币国际化程度进一步提升，而人民币国际化是推动国际货币体系多元化发展的重中之重。

第一节 人民币国际化现状与发展机遇

2009年4月，国务院正式决定在上海市和广东省的广州、深圳、珠海、东莞五个城市开展跨境贸易人民币结算试点①。开展跨境贸易人民币结算被认为是人民币走向国际化的关键一步。而此时，人民币国际化尚处于萌芽阶段。同美元的国际化程度相比，人民币的国际化程度非常低。而根据中国人民大学国际货币研究中心构建的人民币国际化指数（RMB International Index，RII）②，人民币国际化程度（相对美元而言）比中国人民银行课题组测算结果相对要高，如2017年底，人民币国际化指数为3.13，美国国际化指数为54.85（见图6-1）③，是人民币国际化程度的17倍有余，但仍反映出人民币国际化尚处于初级阶段。

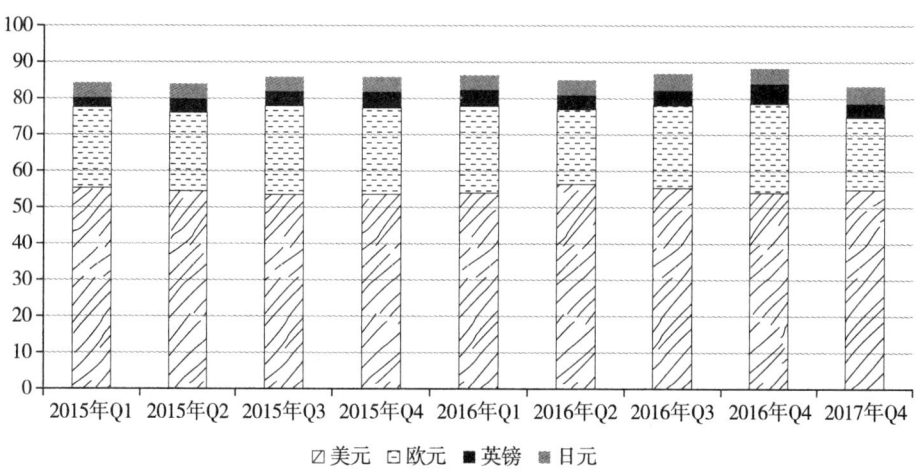

图6-1 主要国际货币的国际化指数（2015年Q1~2017年Q4）

---

① 新华网2009年4月8日发布。http://news.xinhuanet.com/newscenter/2009-04-08/content_11151247.htm。

② 该指数综合考虑了人民币在贸易计价、国际金融计价与官方外汇储备的全球占比等因素。

③ 笔者根据中国人民大学国际货币研究中心发布的《人民币国际化报告》系列整理得到。

2008年国际金融危机之后,人民币国际化程度不断提高。截至2017年底,人民币国际化指数达到3.13,同比增长44.8%(见图6-2)①。

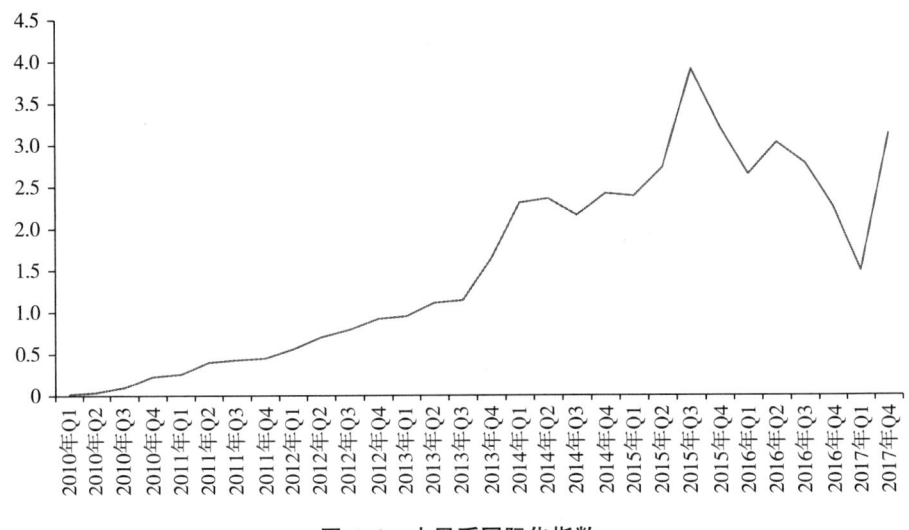

图6-2 人民币国际化指数

人民币国际化的进展主要体现在双边本币互换、人民币跨境结算、人民币跨境投资以及人民币债券发展四个层面。

一、双边本币互换协议的签署

2008年12月以来,中国先后与韩国、中国香港、马来西亚等国家和地区签署了双边本币互换协议。截至2018年底,中国人民银行已经与38个国家和地区签署了双边本币互换协议,协议总规模超过4万亿元人民币②。

事实上,2008年国际金融危机以后,各国中央银行展开了大规模的货币互换安排,美联储是最重要的参与者。同外汇储备或全球层面的多边救援机制相比,货币互换在提供短期流动性方面具有灵活性和便捷性的优势,也逐渐发展成为一种应对突发性冲击的预防手段。目前,国际货币市场上已经形成了多个相互重叠的货币互换网络,如以美联储为核心的美元互换网络、欧

---

① 笔者根据中国人民大学国际货币研究中心发布的《人民币国际化报告》系列整理得到。
② 笔者根据中国人民银行网站发布的信息整理计算得到。

洲货币互换网络、东亚货币互换网络等。在东亚货币互换网络中，中国积极参与了双边货币互换网络的建设，相继与泰国、日本、韩国、马来西亚、菲律宾、印度尼西亚等国家签署了货币互换协议。

双边本币互换协议签署更多体现为其他各国央行对人民币流动性的保障，中国人民银行首次在双边互换协议下动用对方货币是在2014年5月，中国人民银行使用中韩本币互换协议下4亿韩元（约合240万元人民币）资金支持国内企业贸易融资，经由商业银行向企业发放贸易融资贷款，用于企业支付从韩国的货物和服务贸易进口。中国对外签订的货币互换协议更多地体现了缔结协议的双方政府在货币领域传达的一种彼此相互支持的信息，是中国政府在人民币国际化进程中对外争取货币盟友的重要步骤（李巍、朱艺泓，2014）[225]。双边本币互换协议的签署有利于加强中国与本币互换协议签署国间的双边贸易发展，有助于加强双方金融合作，降低双方企业的融资成本和汇兑成本；同时，协议的签署增加了离岸市场的流动性，体现了人民币国际合作方面的不断深入，也有助于保持人民币离岸汇率的相对稳定，且有益于人民币向国际储备货币方向发展。

二、人民币跨境贸易结算机制的建立

除双边本币互换以外，中国积极探索其他的货币合作方式，与一些国家探讨建立双边本币结算机制（见表6-1）。

表6-1 双边本币结算协定

时间	国别	内容
2010年3月24日	白俄罗斯	中白签署《中白双边本币结算协议》。协议规定，符合两国法律规定的民事主体间的支付与结算可以使用两国法律所允许的任何货币（包括中白两国的本币）办理
2011年6月23日	俄罗斯	符合两国法律规定的经济活动主体可自行决定使用自由兑换货币、人民币或卢布进行结算与支付
2013年4月2日	新加坡	中国人民银行与中国工商银行新加坡分行签订《关于人民币业务的清算协议》； 中国人民银行和新加坡金融管理局签订了关于新加坡人民币业务的合作备忘录

续表

时间	国别	内容
2014年12月14日	哈萨克斯坦	中哈本币结算从边境贸易扩大到一般贸易。两国经济活动主体可自行决定用自由兑换货币、人民币、哈萨克坚戈进行商品和服务的结算与支付

资料来源：笔者根据中国人民银行网站发布的信息整理得到。

2009年3月，中国内地与香港地区跨境支付清算合作机制正式建立。2009年7月，跨境贸易人民币试点正式启动。2010年6月，最初开展跨境贸易人民币结算的试点城市进一步扩展至20个省（直辖市、自治区），同时，试点业务范围也扩展到所有的经常项目结算。2011年1月，中国人民银行发布《境外直接投资人民币结算试点管理办法》，2012年6月发布了与外商直接投资相关的人民币结算业务规范（《关于明确外商直接投资人民币结算业务操作细则的通知》），由此，跨境贸易中人民币的使用规模和使用范围不断扩大。

根据中国人民银行公布的相关数据，2016年经常项目人民币收付金额合计5.23万亿元，与2015年比有所下降，2015年人民币收付金融达到近年来最高值7.23万亿元（见表6-2）。以2015年为例，2015年货物贸易人民币收付金额约为6.39万亿元①，相对于货物贸易，服务贸易及其他经常项目人民币收付金额相对较低。从2009年起，总体上人民币收付金额体现的人民币结算规模逐年扩大。

表6-2列举了2009~2018年经常项目人民币收付金额的年度数据。与2009年开展人民币跨境结算试点这一时间节点比较，截至2015年，人民币在跨境贸易结算中的使用规模逐年扩张，增长趋势十分明显。根据中国人民银行公布的最新报告——《2018年人民币国际化报告》，与我国发生跨境人民币收付业务的国家和地区已经达到242个，而2014年这一数字为189个②。

---

① 自2014年8月开始，无货物报关的转口贸易，由服务贸易调整到货物贸易统计，货物贸易金额扩大，服务贸易金额相应减少，历史数据一并调整。

② 不包含港澳台等境外地区。

表 6-2　2009~2018 年经常项目人民币收付金额　　单位：亿元

年份	货物贸易	服务贸易及其他	合计
2009	19.5	6.1	25.6
2010	3034	467	3501
2011	13810.7	2078.6	15888.3
2012	26039.8	2757.5	28797.3
2013	41368.4	4999.4	46367.8
2014	58946.5	6563.7	65510.2
2015	63911.4	8432.2	72343.6
2016	41209.4	11065.4	52274.7
2017	32700.0	10900.0	43600.0
2018	36600.0	14500.0	51100.0

资料来源：根据 Wind 数据库发布的数据整理得到。

三、人民币在跨境直接投资中的使用

从 2010 年第二季度起，中国开始试点办理人民币跨境投融资业务，新疆是第一个试点地区。根据中国人民银行公布的《2017 年人民币国际化报告》，2016 年，人民币对外直接投资（ODI）金额达到 1.06 万亿元，同比增长 44.2%，而 2010 年人民币对外直接投资金额仅为 56.8 亿元，人民币对外直接投资呈现逐年快速增长态势；2016 年外商直接投资（FDI）人民币收付额为 1.4 万亿元，与 2015 年比同比下降 11.9%，但与 2010 年的 223.6 亿元相比，则增加了 60 余倍（见表 6-3）。另外，截至 2018 年末，全国共设立跨境双向人民币资金池 1800 多个。

与不断发展的跨境人民币交易相对应的，2014 年，中国人民银行先后与卡塔尔中央银行、加拿大中央银行、马来西亚国家银行、哈萨克斯坦国家银行、澳大利亚储备银行、泰国银行等签署建立人民币清算安排的合作备忘录；2015 年 1 月，中国人民银行与瑞士国家银行签署合作备忘录，就在瑞士建立人民币清算安排有关事宜达成一致，并同意将 RQFII 试点地区扩大到瑞士；2016 年又先后与美联储、俄罗斯央行签署了在美国和俄罗斯建立人民币清算安排的合作备忘录，从而进一步扩大人民币合格境外机构投资者（RQFII）试点地区。截至 2018 年末，中国人民银行共在 25 个国家和地区建立了人民币清算安排，以促进人民币在跨境贸易投资中的便利化。

表 6-3　2010~2018 年跨境直接投资人民币收付金额　　　单位：亿元

年份	对外直接投资 ODI	外商来华直接投资 FDI
2010	56.8	223.6
2011	265.9	1006.8
2012	311.9	2591.9
2013	866.8	4570.9
2014	2244.1	9605.5
2015	7361.7	15871.0
2016	10618.5	13987.7
2017	4568.8	11800.0
2018	8048.1	18600.0

资料来源：根据 Wind 数据库发布的数据整理得到。

四、境外人民币债券市场的发展

2009 年 9 月 28 日，中央政府在香港发行总额为 60 亿元的人民币国债，此前额度最大的是 2007 年国家开发银行发行的 50 元亿元人民币债券。另外，截至 2015 年 4 月末，共有 232 家境外机构获准进入中国境内银行间债券市场，而到 2018 年，则增加至 652 家。截至 2018 年末，债券托管①余额为 15069.51 亿元，境外机构在中国境内银行间债券市场托管品种中，国债仍然占据最高比例。按照国际清算银行（BIS）狭义口径②，截至 2016 年末，以人民币标价的国际债券余额 6987 亿元，其中境外机构在离岸市场上发行的人民币债券余额 5666 亿元，在中国境内发行的人民币债券（熊猫债）余额 1321 亿元。注意到，熊猫债券的发行主体逐渐丰富，已包括境外非金融企业、国际开发机

---

① 包含央行票据托管量。
② BIS 对国际债券有狭义和广义两个统计口径。狭义的人民币国际债券是指境外机构在境内外发行的以人民币标价的债券；广义的人民币国际债券是指发行人在本国或本地区之外发行的以人民币标价的债券。

构、金融机构和外国政府等。中国人民银行也发布相关政策法规,以进一步对熊猫债券的数据进行统计和监测。

从债券品种看,主要有两种,即点心债与合成型债券。所谓"点心债",即发行和结算均使用人民币的债券。若以人民币发行,以美元或其他外币结算的债券,则为"合成型债券"。合成型债券是2010年底在香港出现的新型人民币债券品种(裴长洪、余颖丰,2011)[226]。另外,2016年8月,全球首只"木兰债"由世界银行在中国银行间债券市场发行,发行额度20亿SDR,"木兰债"因以SDR计价、以人民币结算而得名。"木兰债"的成功发行进一步丰富了中国债券市场的交易品种,促进了中国债券市场的开放与发展。

总体看来,境外人民币债券市场中,国债仍然占据最大比例。政策性银行债、国开行金融债券也是最主要的债券品种,而企业债券占据比例较小。由于政策性银行往往体现出配合政府特定经济政策而开展融资活动,因此,离岸人民币债券市场的发展体现出一定的政策性推动因素。这在中国资本账户尚未完全开放、人民币离岸债券市场发展初期,具有一定的合理性。

第二节 中国参与国际储备货币体系改革的路径

国际货币体系进入牙买加体系以来,黄金不再充当储备货币,国际储备货币体系进入了多元化时代。然而,从各国官方外汇储备的持有情况看,美元仍然是最主要的国际储备货币。短期内,美元作为最主要国际储备货币,其地位难以被改变,未来将是多种国际储备货币共存的多极化格局。

一、后危机时期各国对国际储备货币的调整

国际金融危机爆发以后,国际社会对于国际储备货币体系的发展方向形成了三种观点:一是重提凯恩斯的超主权货币构想;二是提出重返金本位制;三是认为现行国际储备货币制度难以改变。对于以上三种观点,本书的观点是:重返金本位制不具有可行性,黄金已经退出历史舞台,信用货币制度已经取代了商品货币制度。尽管目前的国际储备货币体系存在着种种缺陷,但

"历史的车轮"不会倒退。而创建超主权货币的构想在短期内也不具有可行性,原因在于超主权货币需要超主权的世界中央银行进行统一管理,创造全球性超主权货币所涉及的不仅仅是经济问题,更多的会是政治问题。尽管美国尚未完全走出国际金融危机的影响,欧洲也还困扰于欧债危机,但这还远远不足以导致全球经济格局的重新洗牌。因此,对现有国际储备货币体系进行改革的可行性更强。

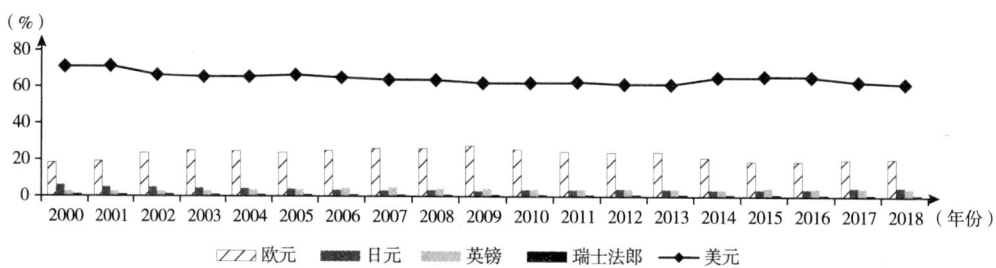

图6-3 2000~2018年国际货币在全球已公布官方外汇储备中的比例

资料来源:IMF数据库COFER(Currency Composition of Official Foreign Exchange Reserves)。①

从过去近20年的数据可以看出,国际金融危机爆发以后,美元作为国际储备货币的地位有所下降,具体表现为:全球官方储备中美元所占比重从2008年的63.8%,下降到2013年的61.3%,但随后该占比开始反弹,2015年恢复至65.7%(见图6-3),随后逐渐下降至2018年的61.7%。由此可以得出结论,美元依然是最主要的官方储备。尽管2008年全球性的金融危机起源于美国(次级贷款危机),但无论是美元汇率,还是美元作为国际储备货币,两者均保持稳中有升的态势。作为美元最强大的竞争对手——欧元,受到欧洲债务危机的影响,2016年欧元在全球已分配外汇储备中的占比跌至2002年以来的最低水平(19.14%)。

另外,从2016年第四季度开始,国际货币基金组织开始发布人民币在全球已公布官方外汇储备中的比例,2016年第四季度人民币在各国官方公布外汇储备中的占比为1.08%,并在接下来的2017年第一季度、第二季度保持稳

---

① 从2012年第四季度起,COFER公布了加拿大元和澳元的持有量,这两种货币在全球官方外汇储备中的比例从2012年起在1.4%~1.9%,呈现逐年上涨的态势。瑞士法郎在全球官方外汇储备中的占比始终处于0.1%~0.4%,因此其变化趋势在图6-3中不甚明显。

定，2018年第四季度增加到1.89%。权威国际金融机构发布这一数据表明国际上已经开始关注人民币承担国际储备货币的角色，持续发布的相关数据有助于国内外了解人民币作为国际储备货币的发展状况。

二、助推人民币成为区域储备货币

基于前文分析，本书认为未来的国际储备货币体系将是多种国际货币共同支撑的体系。中国作为世界第二大经济体，参与国际储备货币体系改革的途径之一即体现在使人民币成为区域性储备货币。

据国家外汇管理局的数据显示，截至2018年末，非居民持有境内人民币金融资产余额约为4.847万亿元。这表明，人民币成为区域性储备货币仍然拥有巨大的发展空间。

另外，人民币在全球支付体系中的使用率在近年来有所突破。根据环球银行金融电信协会（SWIFT）的数据，人民币在全球支付市场的份额从不足1%（2013年9月），在一年左右的时间内实现翻倍增长——2014年11月突破2%。2015年8月，人民币在全球支付市场的份额达到2.79%，创历史新高，一度成为仅次于美元、欧元、英镑的全球前四大支付货币。最新数据显示，2019年3月，人民币在全球支付市场的份额为1.89%，暂列全球第五。人民币在全球支付市场中的广泛使用，也为人民币进一步成为各中央银行或货币当局持有的官方储备奠定了良好的基础。从中国的角度来看，中国人民银行积极支持境外央行类机构将人民币资产纳入其外汇储备[①]。国际货币基金组织从2016年第四季度，开始持续公布人民币在全球已分配外汇储备中的占比。2016年第四季度，人民币储备约合907.8亿美元，2017年第一季度增加至954.2亿美元，2017年第二季度为996.5亿美元，截至2018年第四季度，人民币储备约合2027.9亿美元，占标明币种构成外汇储备总额的1.89%。随着人民币资产流通渠道的畅通，人民币作为区域性储备货币的地位将会稳中有升，为其他各经济体多元化外汇储备资产提供契机。多元化的储备资产是各国货币当局应对各种外部冲击的有力保障，多元化的国际储备也是未来一段时间内国际储备货币体系呈现出的主要特征。

---

① 中国人民银行：《人民币国际化报告——2015》。

三、人民币加入 SDR，提升 SDR 国际储备货币地位

随着人民币在全球支付体系中地位的上升，国际社会对于人民币加入特别提款权（SDR）的呼声日益高涨。一国货币能否纳入 SDR"篮子货币"，其中，有两个最重要的指标：一是货币承载的货物贸易和服务贸易的量；二是货币要能够自由地使用，即在国际支付中广泛使用和在外汇市场上广泛交易。在对人民币从多个维度分析判断的基础上，国际货币基金组织认定，人民币符合纳入特别提款权的条件。2016 年 10 月 1 日，人民币正式加入特别提款权（SDR），成为 SDR"篮子货币"中第三大权重货币。

事实上，为了推动人民币加入特别提款权，2015 年 9 月以来，中国人民银行出台多项政策以助推人民币在国际支付中的广泛使用（见表 6-4）。

表 6-4　2015 年 9 月以来中国人民银行为推动人民币加入 SDR 出台政策一览

时间	政策
2015 年 9 月 22 日	中国人民银行批复同意上海汇丰银行有限公司和中国银行（香港）有限公司在中国银行间债市分别发行 10 亿元和 100 亿元人民币金融债券
2015 年 9 月 29 日	允许境外央行类机构进入银行间外汇市场；经央行授权，中国外汇交易中心宣布自 9 月 30 日起，在银行间外汇市场开展人民币对欧元直接交易
2015 年 10 月 8 日	正式采纳国际货币基金组织数据公布特殊标准（SDDS） 人民币跨境支付系统（CIPS）上线运行
2015 年 10 月 20 日	中国人民银行在伦敦采用簿记建档方式，成功发行了 50 亿元人民币央行票据，期限 1 年，票面利率 3.1%

2005 年和 2013 年，国际金融公司和亚洲开发银行等国际开发机构和境外非金融机构先后获准在银行间债券市场发行人民币债券。而汇丰香港和中银香港人民币债券的发行，进一步拓宽了国际性商业银行的人民币融资渠道，扩大了我国银行间债券市场发行主体范围，有利于促进我国债券市场扩大对外开放，推进人民币跨境使用。人民币跨境支付系统（CIPS）的运行标志着人民币国内支付和国际支付统筹兼顾的现代化支付体系建设取得重要进展。

中国出台的各项措施对于推动人民币加入特别提款权具有重要的积极影响。人民币已经被纳入特别提款权"货币篮子",这使特别提款权的"货币篮子"更具代表性,也有助于进一步稳定特别提款权的价值。从特别提款权最初的设计已经可以看出,这一超主权货币的诞生旨在弥补潜在的流动性和储备不足。特别提款权作为国际储备中的一部分,未来也可能发挥更大的作用。更有学者指出,特别提款权在国际储备中的地位不仅是美元的补充储备资产,且完全可以成为美元的替代品(IMF,2001[227];Williamson,2009[228])。因此,从更长远的目标看,也为超主权货币发挥更多的国际储备职能提供可能。

第三节 中国参与国际汇率体系改革的路径

国际汇率体系的内容主要包括货币锚的选择,各国根据各自的经济发展状况以及全球经济的整体运行情况选择各自的货币锚。

一、后危机时期各国对货币锚的调整

2008年爆发的国际金融危机中,美元汇率并未表现为通常金融危机发生国家本币汇率大幅度下跌的情形。从世界银行公布的实际有效汇率数据来看(见图6-4),美元汇率的价值基本保持稳定,但与2009年局部最高值比,金融危机之后的几年(2011~2014年)美元小幅贬值,2015年以后随着美国经济的复苏美元开始升值。因此,可以推测,盯住美元的国家或经济体在国际金融危机后,可能改变其货币锚,但美元由于其币值的相对稳定性,其仍然可能是被优先选择的货币锚。

稳定的国际汇率制度需要一个稳定的货币锚(巴曙松、杨现领,2011)[229]。尽管美元汇率并未大幅度贬值,但作为国际上最主要的货币锚——美元的地位在国际金融危机之后有所弱化,各国开始积极地调整并重新确定能够稳定汇率的货币锚。

从IMF 2016年和2017年《外汇安排与外汇限制年报》公布的国际货币

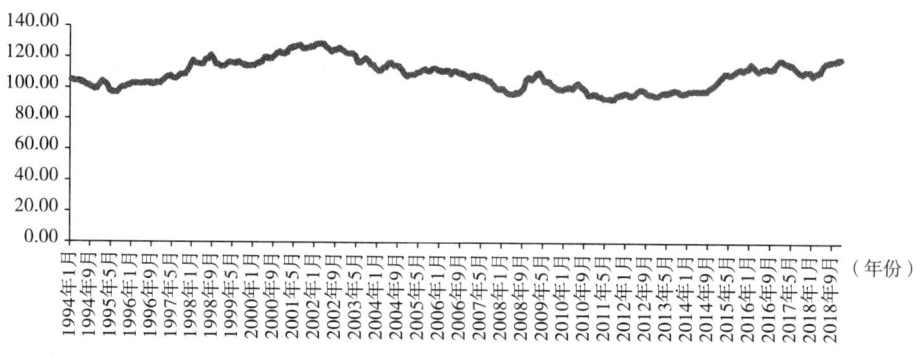

图 6-4　1994~2018 年美元实际有效汇率

资料来源：Wind 数据库。

基金组织成员国货币锚的选择情况看，美元货币锚的地位在逐渐下降，从 2008 年危机之初的 33% 下降到 2017 年的 20.3%，越来越少的 IMF 成员国选择将美元作为货币锚。欧元以及"货币篮"的比重也在下降，与 2008 年相比，2017 年，欧元货币锚下降了 1.4 个百分点。"货币篮"指标则下降了 3.3 个百分点。其他货币指标从 2008~2017 年增加了 1 个百分点，基本保持稳定。通货膨胀目标制指标与 2008 年比较大幅下降，在 2009 年以后开始稳步上升，截至 2017 年，选择通货膨胀目标制的 IMF 成员国占比为 20.8%；货币流通总额代表的货币锚波动较大，经历了先升后降的过程，这可能与全球经济的不景气有关；而没有明确说明名义锚或选择多种货币锚的国家占比逐渐增加，从 2008 年的 6.4%，增加到 2017 年的 24.0%（见表 6-5）。这也意味着国际汇率体系正面临着更大的无规则性与不确定性。

表 6-5　2008~2017 年 IMF 成员国货币政策体系和货币锚的选择　　单位：%

年份	美元	欧元	"货币篮"	其他货币	货币流通总额	通货膨胀目标制	其他
2008①	33.0	14.4	8.0	3.7	11.7	22.9	6.4
2009	28.7	14.4	7.4	4.3	13.3	15.4	16.5
2010②	26.5	14.8	7.9	3.7	13.2	16.4	17.5

①　2008 年以及 2009 年的统计数据不包括以下国家：Kosovo、Tuvalu、South Sudan。原因在于其各自成为 IMF 成员国的时间分别为 2009 年 6 月 29 日、2010 年 6 月 24 日、2012 年 4 月 18 日。
②　2010 年数据不包括 Tuvalu 以及 South Sudan。

续表

年份	美元	欧元	"货币篮"	其他货币	货币流通总额	通货膨胀目标制	其他
2011①	25.3	14.2	7.4	4.2	15.3	16.3	17.4
2012	22.6	14.2	6.8	4.2	15.3	16.8	20.0
2013	23.0	14.1	6.8	4.2	13.6	17.8	20.4
2014②	22.5	13.6	6.3	4.2	13.1	17.8	22.5
2015	22.0	13.1	6.3	4.2	13.1	18.8	22.5
2016	20.3	13.0	4.7	4.7	12.5	19.8	25.0
2017	20.3	13.0	4.7	4.7	12.5	20.8	24.0

注：数据来自 AREAER（Annual Report on Exchange Arrangements and Exchange Restrictions）2016 年和 2017 年年报③；表中"其他"栏目包括没有明确说明名义锚或选择多种货币锚的国家，没有相关判断信息的国家也归入此类。

二、人民币汇率的相对稳定

与此同时，人民币汇率在金融危机以后表现为稳定且升值的态势。图 6-5 描绘了人民币实际有效汇率的变化情况。以 2008 年国际金融危机为节点，人民币实际有效汇率 2007 年平均为 88.81%，2015 年的平均值则达到 129.48。金融危机爆发以后，人民币实际有效汇率升值的最大幅度达到 48%。2018 年 12 月，人民币实际有效汇率为 121.07%。

另外，自 2005 年 7 月人民币汇率制度改革以来，人民币兑美元双边汇率同样保持升值态势（见图 6-6）。汇率稳中有升是主权货币国际化的必要条件之一。人民币汇率近十年来的表现在事实上助益人民币国际化进程的不断推进。尽管人民币汇率形成机制正逐步完善，然而，人民币汇率制度在多数年份仍被定位于盯住汇率制度（Shambaugh，2004）[230]。

根据 Shambaugh（2004）对盯住汇率制度的定义，盯住汇率制度取 1，非

---

① 2011 年、2012 年数据均不包括 South Sudan。
② 截至 2014 年 4 月 30 日。包括 188 个成员国、3 个特殊领地（作者译）（Aruba、Curacao、Sint Maarten，均属于荷兰王国）以及中国香港特别行政区。
③ 2015 年数据共包括 191 个成员国，2016 年数据共包括 192 个成员国。

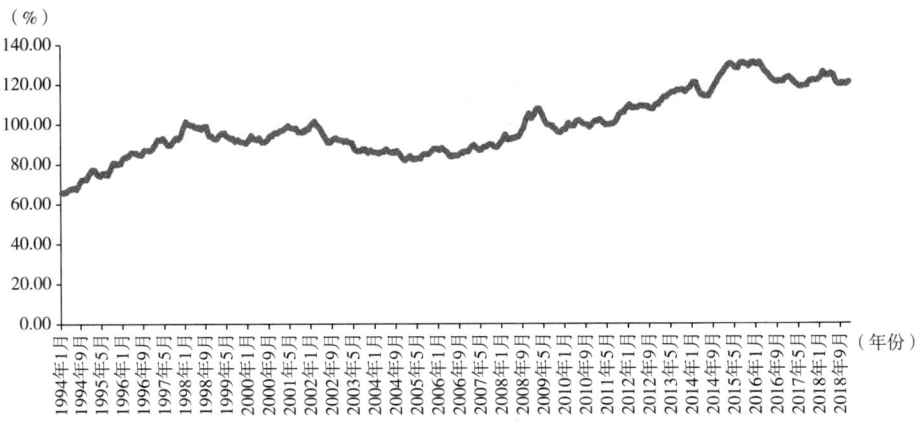

图 6-5　人民币实际有效汇率（1994~2018 年）

资料来源：Wind 数据库。

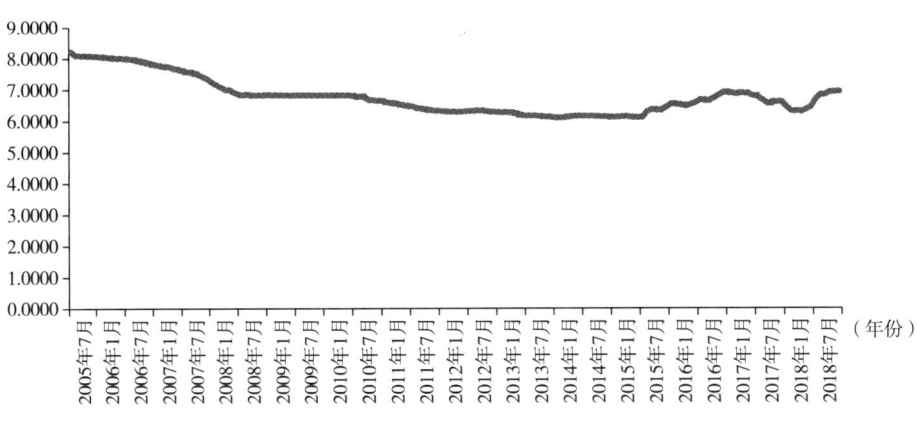

图 6-6　2005 年 7 月~2018 年 7 月人民币兑美元汇率

资料来源：CEIC。

盯住汇率制度取 0，则根据 Shambaugh 的计算，中国的汇率制度在大多数年份为盯住汇率制度（见图 6-7）①。

---

①　资料来自 Shambaugh Exchange Rate Regime Classification.dta，NBER 官方网站。

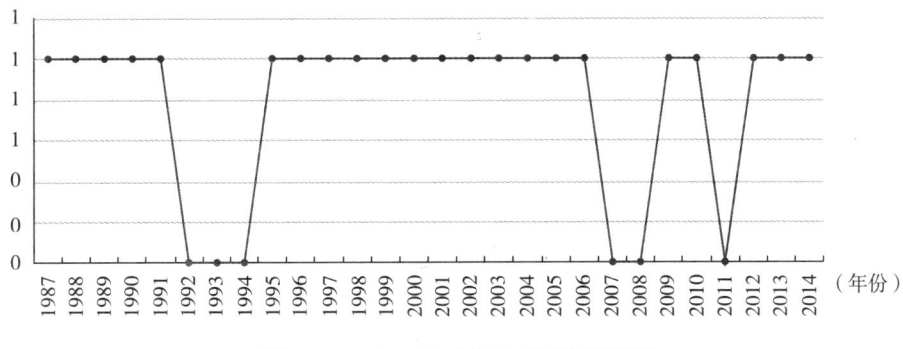

图 6-7　1987~2014 年人民币汇率制度

三、推动区域汇率合作机制建设

以 2008 年国际金融危机为契机，中国参与国际汇率体系改革的重要途径之一体现在推动区域性汇率合作机制建设。

事实上，早在亚洲金融危机爆发以后，东亚各经济体已经意识到区域货币金融合作以及区域内汇率稳定的重要性。2005 年 5 月，伊斯坦布尔召开的东盟"10+3"财长会议的联合声明指出：有必要加强经济政策（包括汇率政策）的对话与协调。此后，区域汇率协调与合作并未取得实质性进展。东亚各经济体对美元体制的依赖，使各经济体汇率呈现出正向的联动特征。

随着东亚经济一体化程度的提高，东亚经济体多边合作机制将进一步深化。2008 年国际金融危机已促使《清迈协议》顺利升级，而汇率合作机制的构建将成为缓解"美元困境"的重要战略。长期看，未来东亚区域货币金融合作的进一步发展将更多地取决于人民币国际化进程的推进和中日两国货币金融协调的顺利进行（李晓、赵雪，2013）[231]。

由于各国最初制定汇率政策时，往往依据国内经济发展状况、金融深化程度等具体状况，而汇率合作则涉及各国货币锚的选择、各国货币汇率相对于货币锚波动幅度的确定，以及"区域性准最后贷款人"为汇率波幅严重失衡的经济体提供干预外汇市场的储备货币。人民币国际化程度的提高，将有可能使人民币成为主要的区域性储备货币，中国也势必成为推动区域性汇率合作机制建设的主要力量。

四、人民币加入 SDR，完善超主权货币的汇率稳定机制

区域汇率合作机制的重要一环体现在货币锚的选择。Dooley（2003）等指出，亚洲国家的汇率体系具有布雷顿森林体系 II 的特征，即各国仍然选择将美元作为其货币锚[232]。然而亚洲金融危机的爆发警示了这种"东亚美元制"的内在缺陷，投机资本的攻击将可能使盯住美元的汇率制度由于外汇储备不足而瓦解。要确保盯住美元汇率制度的稳定，就需要官方持有大量的美元储备。但 2008 年国际金融危机的爆发表明美元正遭遇信任危机。因此，选取东亚地区外的货币——美元作为货币锚具有潜在的巨大风险。

亚洲区域内的主要国际货币——日元，并未获得与日本经济实力相匹配的国际地位。日元被定位于投机型的国际货币，至今并未成为任何一个国家的锚货币。人民币国际化进程刚刚起步，尚不具备成为东亚经济体新的货币锚的条件。为摆脱布雷顿森林体系 II 的困境，有学者提出，东亚国家可以考虑采取"混合驻锚"型①的汇率合作，东亚地区"混合驻锚"的"货币篮"初期可以由美元、欧元和日元组成。对东亚而言，特别提款权 SDR 是一个现成的由区域内外基轴货币构成的混合"货币篮"[233]。

事实上，SDR 本身就是一种相对稳定的汇率合作，人民币加入 SDR 使更具有代表性的经济体货币纳入"货币篮子"，而各主要经济体在特别提款权中"货币篮子"和相关权重的多边合作与谈判也将成为未来国际金融合作的重大事项（郑联盛，2016）[234]。特别提款权及其设计框架使其可以为国际货币体系提供新的"锚"（乔依德、徐明棋，2011）[235]，2008 年国际金融危机以后，全球货币体系进入新的历史寻锚时期，以 SDR 为代表的"货币篮子"未来可能成为各国选定的汇率锚。

---

① 所谓"混合驻锚"型的汇率合作，是指建立一种由区域内的基轴货币和区域外的基轴货币共同构成的"货币篮"，并将东亚各国、地区的货币同这种"混合驻锚"型的"货币篮"建立固定比价关系，从而达到稳定汇率、稳定物价的目的。

第四节　中国参与国际监管体系改革的路径

随着金融全球化的浪潮以及金融衍生工具的不断创新，国际金融监管正处于前所未有的艰难境地，监管套利和监管空白区并存。最近的国际金融危机为国际金融监管改革提供了契机。2009年4月的G20伦敦峰会将金融稳定论坛（FSF）成员国范围扩大至包括中国在内的主要新兴经济体国家，并更名为金融稳定理事会（FSB）。这标志着以中国为代表的新兴市场经济体开始广泛地、实质性地参与金融监管的国际标准制定过程（刘福寿，2011）[236]。具体地，中国将可以从以下方面助推国际监管体系改革。

一、助推成立新的国际金融机构

中国已经加入国际货币基金组织、世界银行、国际证券事务监察委员会组织①和国际保险监督官联合会等国际性金融组织，也是G20、金融稳定理事会、巴塞尔委员会的正式成员，这为加强金融监管的国际合作以及中国实质性地参与各种监管原则的制定奠定了良好的基础。中国加入各种国际性金融组织，不仅有利于获取最新的监管信息，也有助于反映广大发展中国家对于各种监管标准的不同诉求，从而参与具体监管原则的制定，提高国际金融监管效率，避免出现监管标准"一刀切"。与此同时，中国积极助推成立具有区域特色的新国际金融机构，以更好地为亚洲各经济体、金砖国家以及"一带一路"经济带国家提供可靠的资金来源，借助区域合作平台加强各国经济融合，也是参与国际监管体系改革的重要方式。

（一）亚洲基础设施投资银行

中国2013年10月提出倡议筹建的亚洲基础设施投资银行，预计到2015年4月15日已确定意向创始成员国为57个（其中域内国家37个、域外国家

---

① 截至2012年5月，中国证监会已与49个国家和地区签署了53个监管合作备忘录。参见《中国证券报》2012年5月19日相关报道。

20个)国家,包括英国、法国、德国、意大利等除美、日和加拿大之外的主要西方国家。2019年4月22日,亚投行理事会已经批准科特迪瓦、几内亚、突尼斯和乌拉圭为新一批成员。亚投行成员达到97个。亚洲基础设施投资银行的成立,将为人民币国际化的进一步推进起到积极影响,这与亚投行成立的背景有密切关系。正如习近平所强调的,倡议成立亚投行,就是中国承担更多国际责任、推动完善现有国际经济体系、提供国际公共产品的建设性举动,有利于促进各方实现互利共赢[①]。

亚洲基础设施投资银行成立的宗旨是促进亚洲经济体实现经济的可持续发展,基础设施的投资和其他生产领域的投资在拉动亚洲地区经济发展方面将起到重要的作用。但对基础设施的投资普遍面临投资期限长、对资金的需求量巨大等特点。中国是持有外汇储备最多的国家,这使中国在为亚洲地区提供经济发展所需资金方面具有优势。亚洲基础设施投资银行成立之初,在国家法定股本初始认缴额(总额1000亿美元)中,中国的初始认缴额为297.804亿美元。中国无疑已经承担了亚洲基础设施投资银行最重要资金来源之一的角色。这对于提高中国在亚洲地区的影响力,同时增强中国与亚洲国家之间的区域合作具有重要意义。

此外,作为亚洲基础设施投资银行的主要资金提供方,中国将获取更多监管资金运用效率的权利,对于亚洲基础设施投资银行在未来发挥更多、更稳定的作用起到积极影响。事实上,亚洲基础设施银行的功能将是对国际货币基金组织、世界银行等政策性国际金融机构现有职能的有益补充,丰富了现有的国际公共产品,填补了政府间获利合作体系的空白。

亚投行的成立标志着发展中经济体已经开始参与改革现有的国际货币体系和国际金融秩序,进而在全球金融治理框架中谋求更大的话语权。作为推进"一带一路"倡议的重要金融支撑,亚投行的未来投资方向将包括推动"一带一路"倡议同各国发展战略相对接,支持开展基础设施建设项目。推进国际产能合作,提高各国自主发展能力,促进产业链、价值链深度融合;以推动信息基础设施建设与互联互通投资为抓手,加强互联网技术合作共享,打造金融与网络融合的范本。这些行动将进一步为推动世界各国的经济一体

---

① 亚投行:《构建命运共同体的新平台》,http://theory.people.com.cn/n1/2016/0125/c40531-28080975.html。

化进程做出实质性贡献。随着"一带一路"倡议的逐步推进以及亚投行的正式建立,以"一带一路"和亚投行推动人类命运共同体建设,将成为亚洲区域合作模式乃至全球经济合作模式的重要创新。而其最终目标则是建立一个政治互信、经济融合、文化包容的利益共同体、命运共同体和责任共同体。

(二) 金砖国家开发银行

2013年3月,第五次金砖国家领导人峰会决定建立金砖国家开发银行。金砖国家开放银行致力于为金砖国家建设一体化大市场提供必要的金融支持。有研究指出,设立金砖国家开发银行,可以有效地聚集金砖国家区域内,乃至国际的闲散资金,提高资金的运行效率。另外,以外汇储备注资金砖国家开发银行可以减少央行基础货币的投放,缓解通货膨胀压力。同时,金砖国家开发银行的成立将有利于促进成员国本币结算和货币国际化,增加成员国的内部投资和贸易,也有利于减少对美元和不公正国际经济秩序的依赖(汤凌霄,2014)[237]。

中国倡议建立金砖国家开发银行的同时,应建立应急储备安排。"金砖应急储备安排"的基金,旨在向陷入经济危机的国家提供援助。储备基金的成立将有助于帮助金砖国家应对金融突发事件,同时,金砖国家协调管理部分外汇储备不仅可以起到调剂储备余缺的作用,而且有助于提高各国储备的管理效率。

金砖国家开发银行与亚洲基础设施投资银行的成立,是对国际货币基金组织、世界银行等传统国际金融组织架构的有益补充。由中国外汇储备、中国投资有限责任公司、中国进出口银行、国家开发银行共同出资设立的丝路基金,也将承载和提供相应的投融资服务。

金砖国家开发银行是"南南合作"的重要产物,它的成立创造了发展中国家求同存异,统一立场的重要合作平台,有利于发展中国家在国际货币体系改革和全球金融治理中谋得更大制度下的话语权。与金砖国家合作不仅仅有利于这五个国家的发展,而且顺应了经济全球化的潮流与合作共赢、全球治理的现实。因此,它本身是开放的、和平的,是有利于人类命运共同体构建的。

二、推进上海国际金融中心建立

与人民币国际化程度相适应的国际金融中心的建立,有助于中国积极参与国际监管体系。

国际金融中心往往聚集着大量活跃的金融机构和相关服务产业，也是集中开展国际资本借贷、债券发行、外汇交易等金融服务业的城市或地区。国际金融中心在为世界提供优质融资服务的同时，往往也对周边地区乃至全球产生强有力的辐射影响力。目前，最有影响力的国际金融中心仍然是美国纽约和英国伦敦。另外，其他有影响力的国际金融中心，如法国巴黎、德国法兰克福、新加坡、美国芝加哥等均处于发达国家。中国香港也是具有较强全球综合竞争力的国际金融中心，其排名曾超越东京，仅位列纽约、伦敦之后。全球重要的国际金融中心都是依托于本国强大的经济和金融实力，而国际金融中心地位的变迁过程往往随着本币国际化（吴博，2011）[238]，尽管国际金融中心与国际货币之间并不存在简单的单方面影响的关系，但两者之间的紧密联系是不容忽视的，大国货币的国际化与其功能性金融中心的发展之间存在密切的关联性（高洪民，2010）[239]。

随着人民币国际化进程的不断推进，建立与人民币国际化地位相适应的国际金融中心是十分必要的。为此，2009年4月，国务院发布了相关指导意见，意见指出，国际金融中心建设的总体目标是到2020年，将上海基本建成与我国经济实力以及人民币国际地位相适应的国际金融中心①。事实上，建立起本国的国际金融中心，中国才能更有实质性地参与国际金融市场中各种规则的实施及制定，才拥有与国际金融市场参与者直接对话的平台，有利于更有效地参与国际金融监管机制改革。

三、推动双边金融监管合作

金融监管需要国际合作与协调的问题早在20世纪就已经被各界所关注，金融监管国际合作的相关探讨也已十分广泛和深入。然而，如何具体推进各国的金融监管协调仍然存在诸多困境。在金融监管领域国际社会已经构建起宏观、微观两个层面共同作用的审慎监管模式，对资本流动性和资本质量的监管均提出了新的标准。但现有的金融监管合作是基于发达国家和发展中国

---

① 意见名称为《关于推进上海加快发展现代服务业和先进制造业建设国际金融中心和国际航运中心的意见》，具体参见国务院文件，http://www.gov.cn/zwgk/2009-04/29/content_1299428.htm。

家两大集团利益诉求的博弈,形成有效的监管共识操作难度仍然较大。金融标准国际化更符合发达国家的利益诉求,而发展中国家则面对的是金融业务的本土化,两者之间存在一定的矛盾和冲突。鉴于此,现实可行的方案是从推动双边金融监管合作入手,以提高监管效率。

在推动双边金融监管合作方面,中国已经做出了积极的努力。2015年3月28日,国家发展改革委、外交部、商务部联合发布了《推动共建丝绸之路经济带和21世纪海上丝绸之路的愿景与行动》,该文件强调要加强风险的监控,加强金融监管合作,推动签署双边监管合作谅解备忘录,逐步在区域内建立高效监管协调机制。具体包括完善风险应对和危机处置制度安排,构建区域性金融风险预警系统,形成应对跨境风险和危机处置的交流合作机制;加强征信管理部门、征信机构和评级机构之间的跨境交流与合作;充分发挥丝路基金以及各国主权基金作用,引导商业性股权投资基金和社会资金共同参与"一带一路"重点项目建设等。截至2015年6月末,银监会已与27个"一带一路"国家的金融监管当局签署了双边监管合作谅解备忘录。在推动双边金融监管合作方面,中国正加快推动与尚未正式建立监管合作机制的国家签署备忘录,从而建立有效的双边监管合作机制,完善跨境风险应对和危机处置的制度安排。推动双边金融监管合作是未来国际金融监管体系改革的有益尝试,也是切实可行的改革方案。

四、借助 G20 平台发出中国声音

2008年国际金融危机爆发以后,二十国集团(G20)领导人峰会成为国际经济合作的主要论坛。二十国集团取代八国集团(G8)成为全球经济治理的主要平台,其中一个重要的原因是新兴经济体在全球经济增长中的贡献度不断提高。根据2017年博鳌亚洲论坛发布的《新兴经济体发展2017年度报告》可知,二十国集团中的十一个新兴经济体在2016年对全球经济增长的贡献度约为60%,而G7国家与欧盟国家对全球经济增长的贡献度分别为26.2%和13.9%。据《世界经济展望》2019年4月的报告,新兴市场和发展中国家对全球经济增长的贡献已经超过77%,与二十年前相比几乎翻了一番。因此,二十国集团代表了制度性话语权相对均衡的国际合作机制,新兴经济体可以借此平台参与全球经济治理,包括参与国际货币体系的改革。

G20平台是当前最能体现"人类命运共同体"价值观的全球治理体系。首先,二十国集团成员的总人口占全球人口的67%,国土面积占全球的60%,国内生产总值占全球的90%,贸易额占全球的80%,涵盖面广、代表性强。其次,二十国集团是以金砖国家为代表的发展中国家首次站到全球经济治理的权力中心,其构成兼顾了发达国家和发展中国家以及不同地域利益平衡,G20平台的产生和发展是全球治理民主化进程中的一个重要进步。再次,G20采用协商一致的原则运作,新兴市场国家同发达国家在相对平等的地位上就国际经济金融事务交换看法。与世界银行、国际货币基金组织等国际治理机构相比,G20平台在平等层面上有了显著的进步。最后,G20峰会通过一系列重要决定,为应对金融危机、促进世界经济复苏、推动国际金融货币体系改革发挥了重要作用。

二十国集团从成立开始,其议题越来越广泛,从探讨金融危机的起源,到国际货币基金组织改革、全球化挑战等议题,之后逐渐扩展到全球金融安全网、国际金融体系、国际金融架构等议题。中国作为世界第二大经济体、最大的发展中国家,在2016年G20杭州峰会中已经开始积极传递中国声音。2016年9月,中国人民银行官方网站转发了一系列G20杭州峰会财金渠道重要成果文件①,文件阐述了二十国集团在完善国际金融架构问题上的倡议,例如,G20呼吁所有成员国加强区域金融安排的有效合作、参与官方储备货币构成调查等。中国借助G20平台积极传递中国经济发展的成功经验,为全球经济治理在多个层面上提供中国的参与方案。注意到,在探讨全球投资治理体系的相关问题时,有学者指出,"没有哪个国家会像中国一样具有重塑这一治理框架的能力"(王红英,2016)[240]。

另外,近年来,中国在互联网金融等新型金融领域发展十分迅速,根据中国人民银行发布的2018年《中国支付体系发展报告》,2018年银行业金融机构共处理电子支付业务1751.92亿笔,金额为2539.70万亿元,非银行支付机构处理网络支付业务金额达到208.07万亿元。在2014年,全国发生的移动支付业务金额仅为1404.65万亿元,短短四年时间,移动支付业务总量增长近1倍。另外,中国人民银行发布的2016年《中国支付体系发展报告》明确

---

① 中国人民银行,http://www.pbc.gov.cn/goutongjiaoliu/113456/113469/3142307/index.html,2016年9月14日。

指出，人民银行鼓励移动支付业务快速发展，支持移动支付创新，进一步提升支付效率。由此可见，未来中国的互联网金融将存在更大的发展空间。然而，对于互联网金融的监管，尚不存在广泛认可的、通行的国际标准。目前，国际上已有相关监管条例规范互联网金融风险，如新加坡金融管理局、我国香港金融管理局等发布了相关电子银行监管指引，巴塞尔委员会于2001年发布了电子银行业风险管理指引等（刘志洋、汤珂，2014）[241]，但对于更加广泛的互联网金融监管，仍存在诸多监管困境。未来中国可以在引领互联网金融发展中逐渐形成和建立起科学的监管制度，并借助G20平台传递中国在互联网金融领域的监管经验，为国际社会提供可供参考的实践经验和行业标准。

本章小结

中国参与国际货币体系改革，推动全球金融治理体系转型乃至实现全球金融治理目标，必须构建起能够被国际社会广泛认同的价值观体系和话语权体系。构建"人类命运共同体"不仅是中国在国际货币体系改革和全球金融治理层面的集中表达，更是探索出的中国参与国际货币体系改革的道路。"人类命运共同体"倡议强调合作共赢的重要性，这与以往发达国家主导的旧有制度的改革理念存在着本质的不同：旧有制度强调个体主义，"人类命运共同体"强调全局意识。旧有制度强调工具理性，"人类命运共同体"强调价值观理性。旧有制度强调自由竞争，"人类命运共同体"强调包容合作。就有制度本质上是零和博弈，"人类命运共同体"的本质是共享共赢。

从话语权提升层面来看，中国参与国际货币体系改革的可能途径，主要包括人民币参与国际储备货币体系改革、参与国际汇率体系改革和参与国际监管体系改革三个方面。

本书首先从双边本币互换协议的签署、人民币跨境贸易结算机制的建立、人民币在跨境直接投资中的使用以及境外人民币债券市场发展四个方面，对人民币国际化发展现状进行总结。中国参与国际储备货币体系改革的途径，体现在人民币成为区域储备货币以及人民币加入SDR均有助于推动国际储备货币体系改革。中国参与国际汇率体系改革的可能途径体现在推进区域性汇率合作机制建设和人民币加入 SDR 对超主权货币汇率稳定机制的完善。中国参与国际监管体系改革途径包括助推成立新的国际金融机构、推进上海国际金融中心建设、推动双边金融监管合作以及利用 G20 平台发出中国声音等。

结 论

本书在综述国际货币体系改革相关理论的基础上,对国际货币体系的主要组成部分做出了笔者自己的界定,从而奠定了本书的基本逻辑架构,即从储备货币、汇率制度和国际经济合作三个角度来全面论述国际货币体系的相关内容。

首先,从储备货币、汇率制度和国际经济合作三个角度重新分析国际货币体系的历史演变。国际储备货币制度经历了"黄金—英镑本位制""黄金—美元本位制"和"美元本位制"三种形态,每种形态都有自己的各自的历史背景和运行机制,储备货币演变实现了"黄金非货币化"。国际汇率制度的演变则是在"固定汇率制"和"浮动汇率制"之间交替循环,"中间汇率制"也随着国际经济形势的演变逐渐地占有一定的地位,三种汇率制度有各自的运行机制和价值判断。无论是哪个历史时期,国际金融合作都占据着重要的地位,对当时的国际货币制度的稳定发挥着重要的作用。

其次,从美国经济内、外两个维度和国际货币的三种职能的角度来分析当前的国际货币体系的可持续性,即"美元本位制"的可持续性。通过研究,笔者认为,现行的国际货币制度虽然存在诸多弊端,但是短期甚至中期内仍能维持,国际货币体系的改革在一段时间内只能是对现行制度的"微调"。

再次,从国际储备货币制度、国际汇率制度和国际经济合作三个角度分析了现行国际货币体系的现状及运行缺陷,以及国际货币体系的改革构想。通过分析,笔者认为,在储备货币层面,美元"一家独大",其他的区域货币危机不断,SDR作用的发挥受限等都是现行国际储备制度的缺陷表现;在汇率制度层面,"固定汇率制"没有了现实的国际经济基础,"浮动汇率制度"

也对国际贸易和国际金融产生了诸多不良影响,"中间汇率制"则随着其运行经济体的货币危机不断而问题重重;在国际经济合作层面,国际货币基金组织的治理结构和救援机制等方面均备受质疑,各种国际监管的不健全以及区域金融合作的两个典型形态都出现问题而困难重重。为此,国际货币体系改革也从国际储备货币、国际汇率制度和国际金融合作三个层次、四个方面展开论述。

最后,关于中国参与国际货币体系改革的路径,笔者依然从参与国际储备货币制度改革、参与国际汇率制度改革和参与国际经济合作三个层面阐述了自己的观点。

本书的不足之处在于:①金本位时期英镑发挥储备货币、结算货币和计价货币的阐述受资料限制,未能给出官方发布的数据,数据资料均转引自学术论文的估计结果;②随着中国经济的不断发展,中国参与国际货币体系改革的路径不够具体,也不能考虑到国际经济发展的最新形势,且没有深入展开。因此,后期的研究可以遵循这样的路径展开,比如人民币区域化的实现路径和展开区域等都是可以继续深入的研究。

参考文献

［1］蔡拓，陈志敏，吴志成，等．人类命运共同体视角下的全球治理与国家治理［J］．中国社会科学，2016（6）：4-14.

［2］Taylor J B. The financial crisis and the policy responses：An empirical analysis of what went wrong［R］. National Bureau of Economic Research，2009.

［3］Truman E M. A blueprint for sovereign wealth fund best practices［J］. Revue d'économie financière（English ed.），2009，9（1）：429-451.

［4］李婧．世界经济与中国：在不确定中把握趋势——2007年"世界经济形势论坛"综述［J］．国际经济评论，2008（1）：5-8.

［5］Portes R. Global imbalances［J］. Macroeconomic Stability and Financial Regulation：Key Issues for the G20，2009，19.

［6］SaKong I. The Global Financial Crisis：Causes and Policy［C］// Annual Bank Conference on Development Economics，2009，23.

［7］Diamond D W，Rajan R. The credit crisis：Conjectures about causes and remedies［R］. National Bureau of Economic Research，2009.

［8］Caballero R J，Farhi E，Gourinchas P O. An equilibrium model of "global imbalances" and low interest rates［J］. American economic review，2008，98（1）：358-93.

［9］Bernanke B S. Financial markets，the economic outlook，and monetary policy［J］. Speech before the Women in Housing and Finance and Exchequer Club Joint Luncheon，Washington，DC（Jan. 10，2008），available at http：//www.federalreserve.gov/newsevents/speech/bernanke20080110a.htm，2008.

［10］Paulson H. Remarks by Secretary Henry M. Paulson，Jr. on the Financial Rescue Package and Economic Update［J］. Electronic resource］/H. Paulson//2008.-Mode of access：http：//www.carltonfields.com，2008.

[11] Obstfeld M, Rogoff K. Global imbalances and the financial crisis: products of common causes [J]. 2009.

[12] Smaghi L B. The financial crisis and global imbalances-two sides of the same coin [J]. BIS Review 156/2008, 2008: 1-5.

[13] Dunaway S V. Global imbalances and the financial crisis [M]. Council on Foreign Relations, 2009.

[14] Visco, Cova P, Pagano P, et al. The role of macroeconomic policies in the global crisis [J]. Journal of policy modeling, 2011, 33 (6): 787-803.

[15] 李晓, 丁一兵. 经济冲击对称性与区域经济合作: 东亚与其他区域的比较研究 [J]. 吉林大学社会科学学报, 2006 (4): 46-58.

[16] 项卫星, 刘晓鑫. 美元本位制的问题及其可持续性 [J]. 国际金融研究, 2009 (4): 32-39.

[17] 葛华勇. 关于国际货币金融体系改革的思考 [J]. 中国金融, 2009 (1): 28-30.

[18] 吴晓灵, 朱民, 胡晓炼, 等. 2008年国际金融十大新闻 [J]. 国际金融研究, 2009 (1): 6-15.

[19] Henning C R, Khan M S. Asia and Global Financial Governance [J]. Working Paper, 2011.

[20] 何帆, 冯维江, 徐进. 全球治理机制面临的挑战及中国的对策 [J]. 世界经济与政治, 2013 (4): 19-39.

[21] 邱国兵, Qiu Guobing. 金融危机背景下的全球治理: 挑战与机遇 [J]. 中共宁波市委党校学报, 2009, 31 (4): 25-29.

[22] 卢静. 当前全球治理的制度困境及其改革 [J]. 外交评论 (外交学院学报), 2014 (1): 107-121.

[23] 宋国友. 美国霸权衰落的经济逻辑 [J]. 美国研究, 2015 (1): 54-65.

[24] 张庆麟, 李家春. 后金融危机时代的金融稳定理事会: 问题、挑战及其出路 [J]. 武大国际法评论, 2014.

[25] 李仁真, 王进. G20峰会: 全球金融治理的主导机制 [J]. 武大国际法评论, 2012.

[26] Stiglitz, J. E. Too Big to Live. Project Syndicate, 2009/07/12. Available

on the web：http：//www.project-syndicate.org/commentary/stiglitz119/English., accessed September 12, 2009.

［27］范小云，陈雷，王道平. 人民币国际化与国际货币体系的稳定［J］. 世界经济，2014（9）：3-24.

［28］刘力臻. 国际金融危机四重分析［M］. 2002.

［29］巴曙松，杨现领. 从金融危机看未来国际货币体系改革［J］. 当代财经，2009（11）：51-56.

［30］李建军. 后危机时代美元地位研判及对策建议［J］. 中国货币市场，2009（8）：13-16.

［31］陆前进. 不要指望美国［J］. 经营管理者，2009（4）：74.

［32］朱纯福. 主权货币国际化内在矛盾及其策略选择——兼论国际货币体系多元发展路线的历史逻辑［J］. 世界经济研究，2011（3）：28-33.

［33］Triffin Robert. Gold and the Dollar Crisis：The Future of Convertibility［M］. Yale University Press，1960.

［34］Krugman Paul. A Model of Balance-of-Payments Crises［J］. Journal of Money, Credit, and Banking，1979，11（3）：311-325.

［35］Flood Robert and Peter Garber. Collapsing Exchange-Rate Regimes：Some Linear Examples［J］. Journal of International Economics，1984（17）：1-13.

［36］Robert J. Barro and David B. Gordon. A Positive Theory of Monetary Policy in a Natural Rate Model［J］. Journal of Political Economy，1983，91（4）：589-610.

［37］Obstfeld Maurice. The Logic of Currency Crises［J］. Cahiers économiques et monétairs，Bank of France，1994（43）：189-213.

［38］Obstfeld Maurice. Models of Currency Crises with Self-Fulfilling Feature［J］. European Economic Review，1996（40）：1037-1047.

［39］Dooley P. Michael P. A Model of Crises in Emerging Markets［J/OL］. NBER Working Paper No. 6300. http：//www.nber.org/papers/w6300，1997.

［40］金洪飞. 新兴市场货币危机机理研究［D］. 北京：清华大学数量经济学，2002.

［41］Craig Burnside, Martin Eichenbaum, Sergio Rebelo. Prospective Deficits and the Asian Currency Crisis [J]. The Journal of Political Economy, No. 6, 2001 (109): 1155-1197.

[42] Diaz Alejandro, C. Good-Bye Financial Repression, Hello Financial Crash [J]. Journal of Development Economics, 1985 (19): 1-24.

[43] Calvo, G. A. Varieties of Capital-Market Crises [J/OL]. Working Paper, University of Maryland, http://www.cema.edu.ar/~rfl03/Preferred_papers/Calvo1995.pdf, 1996.

[44] Stoke James. Intermediation and the Business Cycle under a Specie Standard: the Role of the Gold Standard in English Financial Crises, 1790-1850 [M]. Mimeo, University of Chicago, 1994.

[45] Jeffrey D. Sachs, Aaron Tornell and Andrés Velasco et al. Financial Crises in Emerging Markets: The Lessons from 1995 [J]. Brookings Papers on Economic Activity, 1996 (1): 147-215.

[46] Ronald I. McKinnon and Huw Pill. Credible Liberalizations and International Capital Flows: The "Overborrowing Syndrome" [J]. Chapter in NBER book Financial Deregulation and Integration in East Asia, NBER-EASE Volume5 (1996), Takatoshi Ito and Anne O. Krueger, Editors, 1996: 7-50.

[47] Krugman, Paul. Balance Sheets, the Transfer Problem, and Financial Crises [J/OL]. Mimeo, MIT. http://web.mit.edu/krugman/www/FLOOD.pdf, January 1999.

[48] Dornbusch Rudi. A Primer on Emerging Market Crises [J/OL]. http://www2.dse.unibo.it/belletti/crisesprimer, 2001.

[49] Desai M. Global Governance and Financial Crises [J]. Economica, 2010, 72 (286): 363-364.

[50] Alexander K. Corporate governance and banks: The role of regulation in reducing the principal-agent problem [J]. Journal of Banking Regulation, 2006, 7 (1-2): 17-40.

[51] Rosenau J N. Governance in the Twenty-First Century [J]. Global Governance, 1995, 1 (1): 13-43.

[52] 俞可平. 全球治理引论 [J]. 马克思主义与现实, 2002 (1): 20-32.

[53] 黄薇. G20 主导下的全球经济治理与中国的期待 [J]. 国际经济合作, 2015 (6): 4-9.

[54] 邓若冰, 吴福象. 权力博弈、制度变迁与全球治理 [J]. 国际经贸探索, 2016, 32 (6): 87-98.

[55] 傅瑜, 杨永聪. 全球经济治理框架的转型与重构 [J]. 国际经贸探索, 2013, 29 (12): 98-108.

[56] 裴长洪. 全球经济治理、公共品与中国扩大开放 [J]. 经济研究, 2014 (3): 4-19.

[57] 张宇燕, 任琳. 全球治理: 一个理论分析框架 [J]. 国际政治科学, 2015 (3): 1-29.

[58] 乔晓楠, 张月莹. 人类命运共同体理念下的国际货币体系改革思路 [J]. 天津师范大学学报 (社会科学版), 2018 (2): 67-76.

[59] 曲星. 人类命运共同体的价值观基础 [J]. 求是, 2013 (4): 53-55.

[60] 禹钟华, 祁洞之. 大国博弈中的国际货币体系演化——兼论中西博弈理念及其文化渊源 [J]. 国际金融研究, 2013 (10): 13-19.

[61] 徐立平. 国际金融学 [M]. 大连: 东北财经大学出版社, 2016: 104-108.

[62] Predieri A. New Financial Architectures and Legal Infrastructures: Toward a Corrected and Compensated International Monetary System [J]. Open economies review, 2000, 11: 205-234.

[63] Carney, Richardw Lessons from the Asian financial crisis [M]. Routledge, 2009.

[64] Greenwald B, Stiglitz J E. Helping infant economies grow: Foundations of trade policies for developing countries [J]. The American Economic Review, 2006, 96 (2): 141-146.

[65] 周小川. 关于改革国际货币体系的思考 [EB/OL]. http://www.pbc.gov.cn/hanglingdao/128697/128719/128772/2847833/index.html.

[66] Farhi E, Gourinchas P O, Rey H. Reforming the international monetary system [M]. CEPR, 2011.

[67] 黄梅波, 熊爱宗. 特别提款权与国际货币体系改革 [J]. 国际金融研究, 2009 (8): 47-54.

[68] Schulmeister S. Globalization without global money: the double role of the dollar as national currency and world currency [J]. Journal of Post Keynesian Economics, 2000, 22 (3): 365-395.

[69] Starr M. Monetary policy in post-conflict countries: Restoring credibility [C] //WIDER Conference on Making Peace Work. www.wider.unu.edu/conference/conference-2004-1/conference. 2004: 202004-1.

[70] Campanella E. The triffin dilemma again [J]. 2009.

[71] 夏斌,陈道富. 国际货币体系失衡下的中国汇率政策 [J]. 经济研究, 2006 (2): 4-15.

[72] Alessandrini P, Fratianni M. Resurrecting Keynes to stabilize the international monetary system [J]. Open Economies Review, 2009, 20 (3): 339-358.

[73] Ocampo, José Antonio. Reforming the Global Reserve System [M]. in Stephany Griffith-Jones, José Antonio Ocampo and Joseph E. Stiglitz (eds.), Time for a Visible Hand: Lessons from the 2008 World Financial Crisis, 2009, Oxford: Oxford University Press.

[74] 张明. 流动性过剩的测量、根源和风险涵义 [J]. 世界经济, 2007 (11): 44-55.

[75] Stiglitz Joseph E. and Bruce Greenwald. Towards A New Global Reserve System [J]. Journal of Globalization and Development, 2010, 1 (2): 1-26.

[76] 潘英丽,吴君. 体现国家核心利益的人民币国际化推进路径 [J]. 国际经济评论, 2012 (3): 99-109,7.

[77] 张明. 次贷危机对当前国际货币体系的冲击 [J]. 世界经济与政治, 2009 (6): 74-80.

[78] 王道平,范小云. 现行的国际货币体系是否是全球经济失衡和金融危机的原因 [J]. 世界经济, 2011 (1): 52-72.

[79] Portugal M. Improving IMF governance and increasing the influence of developing countries in IMF decision-making [C] //Manila: G-24 Technical Group Meeting, 2005.

[80] 曹勇. 国际货币基金组织贷款的政治经济学分析: 模型与案例 [J]. 国际政治研究, 2005 (4): 92-105.

[81] 章玉贵. 全球金融公共产品供给与中国金融资本力锻造 [J]. 国际观察, 2015 (2): 30-42.

[82] Buira A. The Governance of the IMF in a Global Economy [J]. Challenges to the World Bank and IMF: developing country perspectives, 2003: 13-36.

[83] Sarkozy, N. (2011) Address by the President of the French Republic Nicolas Sarkozy: Opening of the G20 seminar on reform of the international monetary system, http://www.g20-g8.com/g8-g20/g20/english/for-the-press/speeches/opening-of-the-g20-seminar-on-reform-of-the-ims.1095.html.

[84] Lachman D. The World Bank's Business is Aid Not Commerce [J]. Financial Times, 2005.

[85] Ocampo J A, Stiglitz J E. From the G-20 to a global economic coordination council [J]. Journal of Globalization and Development, 2011, 2 (2).

[86] Alpert D, Hockett R C, Roubini N. The way forward: moving from the post-bubble, post-bust economy to renewed growth and competitiveness [J]. 2011.

[87] 綦相. 国际金融监管改革启示 [J]. 金融研究, 2015 (2): 36-44.

[88] Dooley Michael P., David Folkerts-Landau and Peter Garber. An Essay on the Revived Bretton Woods System [J/OL]. NBER Working Paper No.9971, 2003.

[89] McKinnon Ronald I. Exchange Rates under the East Asian Dollar Standard: Living with Conflicted Virtue [M]. The MIT Press, Cambridge, Massachusetts, London, England, 2005.

[90] Eichengreen B. Global Imbalances and the Lessons of Bretton Woods [J/OL]. NBER Working Paper Series, No.10497, 2004.

[91] 李晓, 冯永琦. 国际货币体系改革的集体行动与二十国集团的作用 [J]. 世界经济与政治, 2012 (2): 119-145.

[92] 林宏宇, 李小三. 国际货币权力与地缘政治冲突 [J]. 国际关系学院学报, 2012 (1): 6-11.

[93] 李晓. "美元体制"的可持续性与东亚货币金融合作的路径选择 [J]. 学术月刊, 2010 (6): 69-77.

[94] 项卫星, 刘晓鑫. 美元本位制的问题及其可持续性 [J]. 国际金融

研究, 2009 (4): 32-39.

[95] 竹中正治. 美国对外负债的可持续性与国际货币体系的未来 [J]. 国际经济评论, 2011 (4): 84-102.

[96] 陈建奇. 后危机时代美国财政可持续性研究 [J]. 世界经济研究, 2011 (3): 75-80.

[97] 刘建江. 透视美国巨额贸易逆差与经济增长并存的合理性 [J]. 国际贸易问题, 2005 (7): 35-40.

[98] 王贵平, 蒋惠惠. 泛布雷顿森林体系下美国经常项目赤字的可持续性——论美元资产本位的稳定性 [J]. 当代财经, 2006 (1): 59-64.

[99] Williamson J. Exchange Rate Regimes for Emerging Markets: Reviving the Intermediate Option [M]. Washington, D.C., Institute for International Economics, 2000.

[100] Paul Krugman and Marcus Miller. Exchange Rate Targets and Currency Bands [M]. Cambridge University Press, 1992.

[101] Citrin D, Fischer S. Strengthening the international financial system: Key issues [J]. World Development, 2000, 28 (6): 1133-1142.

[102] 肖耿. 应达成稳定人民币汇率共识 [N]. 中国证券报, 2009-02-24.

[103] Salvatore D. The future tri-polar international monetary system [J]. Journal of Policy Modeling, 2011, 33 (5): 776-785.

[104] 李稻葵, 刘霖林. 人民币国际化: 计量研究及政策分析 [J]. 金融研究, 2008 (11): 1-16.

[105] Jayakumar V, Weiss B. Global reserve currency system: Why will the dollar standard give way to a tripolar currency order? [J]. Frontiers of Economics in China, 2011, 6 (1): 92-130.

[106] 张明. 次贷危机对当前国际货币体系的冲击 [J]. 世界经济与政治, 2009 (6): 74-80.

[107] Hong P. Global imbalances and the international reserve system [J]. 2005.

[108] Camdessus M. The G-7 in 1996: What is at Stake [J]. consulté via Internet le, 2009, 9.

［109］Bergsten C F. The dollar and the deficits: How Washington can prevent the next crisis［J］. Foreign affairs, 2009: 20-38.

［110］Dailami M, Masson P R. The new multi-polar international monetary system［J］. 2009.

［111］Stiglitz J, Bougrov A, Boutros-Ghali Y, et al. Report of the Commission of Experts of the President of the United Nations General Assembly on Reforms of the International Monetary and Financial System［C］//UN Conference on the World Financial and Economic Crisis and its Impact, United Nations, New York. 2009.

［112］周小川. 关于改革国际货币体系的思考［J］. 理论参考, 2009（10）: 4-5.

［113］徐明棋. 国际货币体系改革与人民币国际化之辨［A］.//《国际货币体系再思考——布雷顿森林会议七十周年后》国际研讨会［C］. 上海发展研究基金会.

［114］林毅夫. 当前国际货币体系导致国际收支失衡［N］. 社会科学报, 2013-08-22（005）.

［115］Eichenggreen Barry and Marc Flandreau. 2008. The Rise and Fall of the Dollar. (or when did the dollar replace sterling as the leading reserve currency?)［J］. European Review of Economic History, Volume 13, Issue 3, 2009, Pages 377-411.

［116］Aliber, Robert Z. The Future of the Dollar as an International Currency［M］. New York: Frederick Praeger, 1966.

［117］Chinn, Menzie and Jeffrey Frankel. The Euro May over the Next 15 Years Surpass the Dollar as the Leading International Currency［J/OL］. NBER Working Paper, No. 13909, 2008.

［118］克拉潘, 现代英国经济史（中卷）［M］. 北京: 商务印书馆, 2014: 517.

［119］Lindert, Peter B. Key Currencies and Gold 1900-1913［EB/OL］. Princeton Studies in International Finance No. 24, International Finance Section, Department of Economics, Princeton University, 1969 August.

［120］Chinn Menzie and Jeffrey Frankel. The Euro May Over the Next 15 Years Surpass the Dollar as Leading International Currency［J］. NBER Working Paper, No. 13909, 2008.

[121] 克拉潘. 现代英国经济史（下卷）[M]. 北京：商务印书馆，2014：56-57.

[122] Eichengreen, Barry; Mehl, Arnaud; Chiţu, Livia. When did the dollar overtake sterling as the leading international currency? Evidence from the bond markets [J/OL], ECB Working Paper, No. 1433, 2012.

[123] Benjamin J. Cohen. The Future of Sterling as an International Currency [M]. Macmillan St Martin's Press, 1971：61.

[124] Eichenggreen Barry. Golden Fetters: The Gold Standard and the Great Depression [M]. Oxford: Oxford University Press, 1992：42.

[125] 巴里·艾肯格林. 资本全球化——国际货币体系史（第二版）[M]. 彭兴韵，译. 上海：上海人民出版社，2009：60.

[126] 吴于廑，齐世荣. 世界史·现代史编（上卷）[M]. 北京：高等教育出版社，1994：4, 52.

[127] 巴里·艾肯格林. 资本全球化——国际货币体系史（第二版）[M]. 彭兴韵，译. 上海：上海人民出版社，2009：48.

[128] Obstfeld Maurice. The Logic of Currency Crises [J]. Cahiers économiques et monétairs, Bank of France, No. 43, 1994：189-213.

[129] Obstfeld Maurice. Models of Currency Crises with Self-Fulfilling Feature [J]. European Economic Review, 1996（40）：1037-1047.

[130] 巴里·艾肯格林. 资本全球化——国际货币体系史（第二版）[M]. 彭兴韵，译. 上海：上海人民出版社，2009：66.

[131] 赵长峰. 国际金融合作中的权力与利益研究 [D]. 湖北：华中师范大学，2006.

[132] 王立荣，刘力臻. 中国在未来国际汇率体系变革中的作用 [J]. 当代经济研究，2012（12）：71-74.

[133] Polanyi Karl. The Great Transformation: The Political and Economic Origins for Our Time [M]. Boston: Beacon Press, 1980.

[134] 巴里·艾肯格林. 资本全球化——国际货币体系史（第二版）[M]. 彭兴韵，译. 上海：上海人民出版社，2009：1-4.

［135］Wyplosz C. Debt Sustainability Assessment：Mission Impossible［J］. Review of Economics and Institution，2011，2（3）：1-37.

［136］Barro，Robert. On the Determination of Public Debt［J］. Journal of Political Economy，1979，87（5）：940-971.

［137］Barro，Robert. U. S. Deficits since World War Ⅰ［J］. Scandinavian Journal of Economics，1986，88（1）：195-222.

［138］Arjan L. ，Jasper L. and Paul V. . Sustainablility of Government Debt in the EU［R］. Munich：Munich Personal RePEc Archive，*MPRA Paper* No. 30139，posted 13. April 2011.

［139］陆晓明. 美国公共债务的可持续性及其影响［J］. 国际金融研究，2011（8）：27-33.

［140］Hamilto，James and Marjorie F. . On the Limitations of Government Borrowing：A Framework for Empirical Testing［J］. American Economic Review，1986，76（4）：808-819.

［141］Wilcox，D. W. The Sustainability of Government Deficits：Implications of the Present-value Borrowing Constrain［J］. Journal of Money，Credit and Banking，1989，21（3）：291-306.

［142］伊楠. 美国公共债务可持续性研究［D］. 北京：首都经济贸易大学，2013：17-31.

［143］Martin G M. US Deficit Sustainability：A New Approach Based on Multiple Endogenous Breaks［J］. Journal of Applied Econometrics，2000，15（1）：83-105.

［144］Hakkio C S，Rush M. Is the Budget Deficit "Too Large"？［J］. Economic Inquiry，1991，29（3）：429-445.

［145］Haug A A. Cointegration and Government Borrowing Constraints：Evidence for the United States［J］. *Journal of Business & Economic Statistics*，1991，9（1）：97-101.

［146］Macdonald R. Some Tests of the Government's Intertemporal Budget Constraint Using US Data［J］. Applied Economics，1992，24（12）：1287-1292.

［147］Bohn H. Are Stationarity and Cointegration Restrictions Really Necessary for the Intertemporal Budget Constraint? [J]. Journal of Monetary Economics, 2007, 54 (7): 1837-1847.

[148] Bohn H. The Behavior of U. S. Public Debt and Deficits [J]. The Quarterly Journal of Economics, 1998 (113): 949-963.

[149] Alfred G., Goran K.. Sustainability of US Public Debt: Estimation Smoothing Spline Regressions [J]. Economic Modelling, 2007, 24 (2): 350-364.

[150] Quintos, C. E. Sustainability of the Deficit Process with Structural Shifts [J]. Journal of Business & Economic Statistics, 1995, 13 (4): 409-417.

[151] Bajo-Rubio O, Diaz-Roldan C, Esteve V. US Deficit Sustainability Revisited: a Multiple Structural Change Approach [J]. Applied Economics, Taylor and Francis Journals, 2008, 40 (12): 1609-1613.

[152] Li Jing, Junsoo L.. ADL Tests for Threshold Cointegration [J]. Journal of Time Series Analysis, 2010, 31 (4): 231-254.

[153] Benjamin D. K. and L. A. Kochin. A Theory of State and Local Finance: the Comparative Statics of Mobility [M]. unpublished, University of Washington, 1978.

[154] Seo Myunghwan. Bootstrap Testing for the Null of No Cointegration in a Threshold Vector Error Correction Model [J]. Journal of Econometrics, 134 (1): 129-150.

[155] Perrson P, Yabu T. Estimating Deterministic Trends with an Integrated or Stationary Noise Component [J]. Jounal of Econometrics, 2009, 151 (1): 56-69.

[156] Chinn Menzie and Jeffrey A. Frankel. Will the Euro Eventually Surpass the Dollar as Leading International Reserve Currency? [J/OL]. http://www.nber.org/chapters/c0126.

[157] Heller H. Robert and Malcolm Knight. Reserve-Currency Preferences of Central Banks [J/OL]. Princeton University, Essays in International Finance, No. 131, 1978.

[158] Akinari Horii. The Evolution of Reserve Currency Diversification [J/OL]. BIS Economic Papers, No. 18, December 1986.

[159] 陈建奇. 国际货币体系稳定性的技术条件及经验证据 [J]. 国际货币评论, 2015 (10): 24-39.

[160] Page S. A. B. The Choice of Invoicing Currency in Merchandise Trade [J]. National Institute Economic Review, 1981, 98 (1): 60-72.

[161] Michael B. Devereux, Kang Shi and Juanyi Xu. Oil Currency and the Dollar Standard: A Simple Analytical Model of an International Trade Currency [J]. Journal of Money, Credit and Banking, 2010, 42 (4): 521-550.

[162] Swoboda, Alexander. The Euro-Dollar Market: An Interpretation [J/OL]. Essays in International Finance 64, International Finance Section, Princeton University, 1968.

[163] Swoboda, Alexander. Vehicle Currencies and the Foreign Exchange Market: the Case of the Dollar [M]. In Robert Z. Aliber, Ed., The International Market for Foreign Exchange, Praeger Special Studies in International Economics and Development, New York: Frederick A. Praeger, 1969.

[164] Goldberg Linda S. and CédricTille. Vehicle Currency Use in International Trade [J]. Journal of International Economics, 2008, 76 (2): 177-192.

[165] 王颖, 管清友. 碳交易计价结算货币: 理论、现实与选择 [J]. 当代亚太, 2009 (1): 110-128.

[166] 何小明, 成思危, 董纪昌, 等. 国际原油价格的长周期波动性 [J]. 系统工程理论与实践, 2011 (10): 1825-1836.

[167] 罗伯特·A. 蒙代尔, 保罗·J. 扎克. 货币稳定与经济增长 [M]. 张明, 译. 北京: 中国金融出版社, 2004: 21.

[168] 黄梅波, 熊爱宗. 国际货币体系与金融危机 [J]. 经济学家, 2009 (7): 57-64.

[169] 黄梅波, 熊爱宗. 国际货币多元化与国际货币体系稳定 [J]. 国际金融研究, 2010 (9): 21-28.

[170] 王立荣, 刘力臻. 增强中国在全球金融治理中制度性话语权的战略路径分析 [J]. 社会科学战线, 2018 (5): 246-250.

[171] 李晓. 全球金融危机下东亚货币金融合作的路径选择 [J]. 东北亚论坛, 2009 (5): 3-25.

[172] 樊勇明. 从国际公共产品到区域性公共产品 [J]. 世界经济与政治, 2010 (1): 143-158.

[173] Eichengreen, B. The EMS Crisis in Retrospect [J/OL]. NBER Working Papers, 2000, No. 8035.

[174] Kindleberger, C. The Politics of International Money and World Language [M] Essays in International Finance, No. 61, Princeton: Princeton University Press, 1967.

[175] McKinnon, R. Exchange Rates Under the East Asian Dollar Standard: Living with Conflicted Virtue [M]. Cambridge: MIT Press, 2005.

[176] Helleiner Eric. Political Determinants of International Currencies: What Future for the US Dollar? [J]. Review of International Political Economy, 2008, 15 (3): 354-378.

[177] Bergsten, F. The Euro and the Dollar [J/OL]. In A. Posen (ed.), The Euro at Five: Ready for a Global Role?, Washington, DC: Institute for International Economics, 2005.

[178] Eichengreen, B. Sterling's Past, Dollar's Future: Historical Perspectives on Reserve Currency Competition [J/OL]. Mimeo, April, 2005.

[179] Buiter, W. H., Corsetti, G., and Pesenti, P. A. Financial markets and European monetary cooperation: The Lessons of the 1992-93 Exchange Rate Mechanism crisis [M]. New York: Cambridge University Press, 1998: 1.

[180] Goodhart, C. A. E. Whither Central Banking? [EB/OL]. Financial Market Group, London School of Economics, 2001.

[181] Schoenmaker Dirk and Jan Sass. Cross-Border Insurance in Europe: Challenges for Supervision [J]. The Geneva Papers on Risk and Insurance – Issues and Practice, July 2016, 41 (3): 351-377.

[182] 谢平, 邹传伟, 刘海二. 互联网金融监管的必要性与核心原则 [J]. 国际金融研究, 2014 (8): 3-9.

[183] 刘志洋, 汤珂. 互联网金融的风险本质与风险管理 [J]. 探索与争鸣, 2014 (11): 65-69.

[184] Benedicta Marzinotto, Jean Pisani-Ferry and André Sapir. Two Crises, Two Responses [J/OL]. Bruegel Policy Brief, No. 1, 2010.

[185] 张宇燕. 美元化: 现实、理论及政策含义 [J]. 世界经济, 1999

(9): 17-25.

[186] Olivera, J. H. G. The Square-Root Law of Precautionary Reserves [J]. Journal of Political Economy, 1971, 79 (September-October): 1095-1104.

[187] Moreno-Villalaz, J. L. Lessons from the Monetary Experience of Panama: A Dollar Economy with Financial Integration [J]. Cato Journal, 1999, 18 (3): 421-440.

[188] Krugman Paul. Who's Afraid of the Euro? [J/OL]. Fortune, 1998.

[189] Željko Bogetić. Official Dollarization: Current Experiences and Issues [J]. Cato Journal, 2000, 20 (2): 179-213.

[190] 陆前进. 美元霸权和国际货币体系改革——兼论人民币国际化问题 [J]. 上海财经大学学报, 2010 (1): 61-69.

[191] 李稻葵, 尹兴中. 国际货币体系新架构: 后金融危机时代的研究 [J]. 金融研究, 2010 (2): 31-43.

[192] 王元龙. 国际金融体系改革的战略与实施 [J]. 经济理论与经济管理, 2009 (9): 5-9.

[193] 戴相龙. 国际货币体系改革与人民币的国际化 [J]. 经济研究参考, 2011 (49): 15-17.

[194] 管涛. 国际金融危机与储备货币多元化 [J]. 国际经济评论, 2009 (5-6): 18-19.

[195] 张明, 覃东海. 国际货币体系演进的资源流动分析 [J]. 世界经济与政治, 2005 (12): 61-66.

[196] 张明. 国际货币体系改革: 背景、原因、措施及中国的参与 [J]. 国际经济评论, 2010 (1): 114-137.

[197] 武建东. 人民币成为国际货币本位币的路线图 [J]. 中国改革, 2009 (5): 52-54.

[198] Chris Isidore. World Bank Chief Nixes Return to Gold Standard [N]. November 10, 2010, http://money.cnn.com/2010/11/10/news/international/zoellick_gold_standard/index.htm.

[199] 王立荣, 秦卫波. 中国参与国际储备货币制度改革途径分析 [J]. 经济纵横, 2012 (11): 49-51.

[200] Judith Hanna. Toward a Single Carbon Currency [J]. New Scientist, 1995, 146 (1975): 50-51.

[201] 管清友. 碳货币猜想 [J]. 中国外汇, 2009 (11): 38-39.

[202] Jillian Button. Carbon: Commodity or Currency? -- The Case for an International Carbon Market based on the Currency Model [J]. Harvard Environmental Law Review, 2008, (32): 571-596.

[203] Victor David F. and House Joshua C. A New Currency: A New Currency: Climate Change and Carbon Credits [J]. Harvard International Review, Summer, 2004: 56-59.

[204] Gething B. Carbon Credits Could Be the Currency of the Future [J]. Building Design, 2005, 44: 1669.

[205] 长江商学院课题组. 基于"黄金+碳金融"的共同货币制度研究 [J]. 上海金融, 2013 (11): 63-70.

[206] 周小川. 关于改革国际货币体系的思考 [J]. 中国金融, 2009 (7): 8-9.

[207] 林毅夫. 以纸黄金取代美元成为超主权国际货币 [EB/OL]. 中国发展高层论坛2013年会, 2013. http://www.cs.com.cn/xwzx/xwzt/20130323B/04/201303/t20130323_3917418.html

[208] 董彦岭, 陈琳, 孙晓丹, 等. 超主权货币: 理论演进与实践发展 [J]. 国际金融研究, 2010 (4): 4-11.

[209] Aizenman Joshua and Gurnain Kaur Pasricha. Selective Swap Arrangements and the Global Financial Crisis: Analysis and Interpretation [J]. International Review of Economics & Finance, 2010, 19 (3): 353-365.

[210] Eichengreen Barry and Ricardo Hausmann. Exchange Rates and Financial Fragility [J/OL]. NBER Working Paper No. w7418. 2006.

[211] Taro Esaka. Exchange Rate Regimes, Capital Controls, and Currency Crises: Does the Bipolar View Hold? [J]. Journal of International Financial Markets, Institutions and Money, 2010, 20 (1): 91-108.

[212] Amartya Lahiri, Rajesh Singh Carlos A. Vegh. Segmented Asset Markets and Optimal Exchange Rate Regimes [J/OL]. NBER Working Paper, No. 13154.

[213] Frieden Jeffry. Invested Interests: the Politics of National Economic Policies in a World of Global Finance [J]. International Organization, 1991, 45 (4): 425-451.

[214] 钟红. 国际货币体系改革方向与中国的对策研究 [J]. 国际金融研究, 2006 (10): 18-26.

[215] 李晓, 丁一冰. 关于东亚地区汇率制度选择的若干争议 [J]. 经济学动态, 2003 (10): 91-94.

[216] 徐明棋. 论国际金融体系改革与布雷顿森林机构重塑 [J]. 国际金融研究, 2006 (1): 54-60.

[217] 钟红. 国际货币体系改革方向与中国的对策研究 [J]. 国际金融研究, 2006 (10): 18-26.

[218] 李扬. 全球金融体系改革及亚洲的选择: 我们需要更深入的思考 [J]. 国际金融研究, 2010 (10): 4-10.

[219] Houtven Van Leo. Rethinking IMF Governance [J]. Finance and Development, 2004, 41 (3): 18-20.

[220] 孟国碧. 发展中国家与国际货币基金的决策机制探析 [J]. 广东商学院学报, 2002 (2): 31-35.

[221] Boughton James M. The IMF and the Force of History: Ten Events and Ten Ideas That Have Shaped the Institution [J/OL]. IMF Working Paper, 2004, No. WP/04/75.

[222] 张明. 国际货币体系改革: 背景、原因、措施及中国的参与 [J]. 国际经济评论, 2010 (1): 114-137.

[223] 张燕, 陈敏, 鲁玉祥. 保险业的宏观审慎政策与监管 [J]. 金融发展评论, 2015 (3): 74-78.

[224] 郝立新, 周康林. 构建人类命运共同体——全球治理的中国方案 [J]. 马克思主义与现实, 2017 (6): 1-7.

[225] 李巍, 朱艺泓. 货币盟友与人民币的国际化——解释中国央行的货币互换外交 [J]. 世界经济与政治, 2014 (2): 125-154.

[226] 裴长洪, 余颖丰. 人民币离岸债券市场现状与前景分析 [J]. 金融评论, 2011 (2): 40-53.

[227] IMF. Evolution of the SDR: Paper Gold or Paper Tiger [EB/OL], 2001, http://www.imf.org/external/pubs/ft/history/2001/ch18.pdf.

[228] Williamson, J. Understanding Special Drawing Rights [EB/OL]. Policy Brief No. 2009-11, Peterson Institute for International Economics, 2009.

[229] 巴曙松,杨现领. 货币锚的选择与退出:对最优货币规则的再考察 [J]. 国际经济评论, 2011 (1): 141-154.

[230] Shambaugh Jay C. The Effect of Fixed Exchange Rates on Monetary Policy [J]. The Quarterly Journal of Economics, 2004, 119 (1): 301-352.

[231] 李晓,赵雪. 美元体制下东亚经济体汇率的联动关系:现状及变化趋势 [J]. 东北亚论坛, 2013 (5): 24-34.

[232] Michael P. Dooley, David Folkerts-Landau, Peter Garber. An Essay on the Revived Bretton Woods System [J/OL]. NBER Working Paper, No. 9971, 2003.

[233] 刘力臻. 21世纪初期东亚货币合作与人民币国际化:东亚汇率合作模式及选择分析 [M]. 长春:吉林大学出版社, 2006: 87-99.

[234] 郑联盛. 人民币加入SDR货币篮子及其对金融改革的影响 [J]. 金融评论, 2016 (1): 67-80.

[235] 乔依德,徐明棋. 加强SDR在国际货币体系中的地位和作用 [J]. 国际经济评论, 2011 (3): 52-65.

[236] 刘福寿. 国际金融监管改革最新进展及其思考 [J]. 国际金融, 2011 (2): 8-12.

[237] 汤凌霄. 金砖国家开发银行成立的现实动因 [N]. 中国社会科学报, 2014-08-20 (A06).

[238] 吴博. 人民币国际化过程中的上海国际金融中心建设——历史视角下的经验和启示 [J]. 区域金融研究, 2011 (2): 20-25.

[239] 高洪民. 人民币国际化与上海国际金融中心互促发展的机理和渠道研究 [J]. 世界经济研究, 2010 (10): 22-27.

[240] 王红英. 迈向全球投资治理框架:中国作为G20东道国的机会 [J]. 国际经济评论, 2016 (1): 146-148.

[241] 刘志洋,汤珂. 互联网金融的风险本质与风险管理 [J]. 探索与争鸣, 2014 (11): 65-69.